LES LOUSTICS

Livre de l'élève

3

A2.1

Hugues Denisot – Marianne Capouet

hachette
FRANÇAIS LANGUE ÉTRANGÈRE

Crédits

ADAGP : p. 35 (B) Magritte peignant *La Clairvoyance*, Bruxelles, 1936 © Photothèque R. Magritte / BI, ADAGP, Paris, 2013, cliché : Jacqueline Nonkels ; p. 35 (D) Affiche Toffée Antoine Tonny's, 1931 © Photothèque R. Magritte / BI, ADAGP, Paris, 2013 ; p. 42 (D) *La Grande Guerre* © Photothèque R. Magritte / BI, ADAGP, Paris, 2013

Bridgeman : p. 15 (A) *Self Portrait with a Beret*, 1886 (oil on canvas), Monet, Claude (1840-1926) / Private Collection / Photo © Lefevre Fine Art Ltd., London / The Bridgeman Art Library ; p. 15 (B) *Waterlilies, Evening* (oil on canvas), Monet, Claude (1840-1926) / Musée Marmottan Monet, Paris, France / Giraudon / The Bridgeman Art Library ; p. 35 (C) *Son of Man*, 1964 (oil on canvas), Magritte, René (1898-1967) / Private Collection / The Bridgeman Art Library ; p. 35 (E) *The betrayal of images* – « Ceci n'est pas une pipe », 1929 (oil on canvas), Magritte, René / Los Angeles County Museum of Art, CA, USA / Giraudon / The Bridgeman Art Library ; p. 35 (F) *The Therapeutist* (oil on canvas), Magritte, René / Private Collection / The Bridgeman Art Library ; p. 40 *The Empire of Lights*, 1952 (oil on canvas), Magritte, René / Private Collection / Photo © Christie's Images / The Bridgeman Art Library ; p. 42 (A) *Personal Values*, 1952 (oil on canvas), Magritte, René (1898-1967) / Private Collection / Photo © Christie's Images / The Bridgeman Art Library ; p. 42 (B) *This Is Not An Apple*, 1964, Magritte, René (1898-1967) / Private Collection / Photo © Christie's Images / The Bridgeman Art Library ; p. 42 (C) *The Return ; Le Retour - De Terugkeer*. René Magritte (1898-1967). Gouache on paper. Executed circa 1955, 20.3 x 27 cm

Corbis : p. 52 Kamishibai Storyteller with Audience of Children © Horace Bristol/CORBIS

Getty : p. 56 © Young girl nuzzling a guinea pig in pet shop © Ron Levine

Rue des archives : p. 21 Claude Monet French artist, photographed at work in 1923 © Mary Evans/Rue des Archives ; p. 32 Neil Armstrong © Rue des Archives/BCA ; p. 32 Gustave Eiffel © Mondadori Portfolio/Rue des Archives ; p. 32 les frères Lumière © Rue des Archives/RDA ; p. 35 (A) Les frères Raymond, René et Paul Magritte, 1910 © Rue des Archives/PVDE ; p. 46 (A) Aladin © Rue des Archives/RDA ; p. 46 (B) Blanche-Neige © Courtesy Walt Disney Productions/BCA/Rue des Archives ; p. 46 (D) Palais d'Aladin © UA/Rue des Archives ; p. 46 (E) Maisonnette des sept nains © Courtesy Walt Disney Productions/CSFF/Rue des Archives ; p. 46 (G) Méchante Reine © Courtesy Walt Disney Productions/BCA/Rue des Archives ; p. 46 (H) Jafar © Rue des Archives/RDA ; p. 46 (K) Lampe magique © Rue des Archives /BCA ; p. 46 (N) Le génie © Rue des Archives/RDA ; p. 46 (O) Les sept nains © Walt Disney/BCA ; p. 67 *Still Life With Goldfish* by Henri Matisse, 1911, 1869-1954, Russia, Moscow, Pushkin Museum of Fine Arts © Superstock/Rue des Archives

Autres photos : © Shutterstock / www.shutterstock.com ; © Istockphoto LP 2013

Autres documents : p. 6 et p. 8 *Azur et Asmar* © 2004 Ocelot Michel / Studio O, Nord-Ouest Productions, Eurimages ; p. 8 *Kirikou et la sorcière* © 1994 Ocelot Michel / RTBF, Odec Kid Cartoons, Monipoly Productions, Les Armateurs, France 3 Cinéma ; p. 16 © Fondation Claude Monet, Giverny. Droits réservés ; p. 28 *Les Schtroumpfs 2* © 2013 Gosnell Raja / Sony Pictures ; p. 32 Maria Telkes © D.R. ; p. 36 (B) Collectif, *Créer avec Magritte*, Éditions Courtes et Longues, Paris, 2010 ; Sylvie Girardet, Nestor Salas, *La Magie de Magritte*, RMN, Coll. Salut l'artiste, 1999 ; Catherine de Duve, *Le Petit Magritte*, Kate'Art Éditions, Coll. Happy Museum, 2013, www.kateart.com ; p. 36 (C) *Marcel le rêveur*, Paris, Kaléidoscope, 1997 ; Michel Garland, *Un dîner chez Magritte*, Métagram, Coll. La Petite Bibliothèque Illustrée, 2005 ; p. 36 C.H./ADAGP, Paris 2013, www.wpg.be ; p. 45 (A) *Le jardin*, Coll. J'explore la nature, Pascale Hédelin, illustration Sophie Lebot, Éditions Milan, 2009 ; p. 45 (B) *Dictionnaire Hachette Junior de la langue française*, Hachette Éducation, 2001 ; p. 45 (C) *Les Schtroumpfs et le livre qui dit tout* © Peyo – 2013 – Licensed through I.M.P.S. (Brussels) – www.smurf.com ; p. 45 (D) *Le chat assassin le retour*, Anne Fine, Collection Mouche, École des Loisirs, 2005 ; p. 45 (E) *Les plus beaux contes de mon enfance racontés* + CD, Collectif / Anne Lanoe © Fleurus, 2011 ; p. 45 (F) *Le loup qui ne voulait plus marcher*, Orianne Lallemand, Eléonore Thuillier, Coll. Mes P'tits Albums, Auzou Philippe Éditions, 2012 ; p. 46 (C-F-I-L-M) © 2013 Les Éditions Albert René / Goscinny-Uderzo ; p. 46 (J) Miroir magique, Hachette Collections ; p. 47 (A) *Blanche-Neige et les sept nains*, Walt Disney, 1937 ; p. 47 (B) *Aladin*, Walt Disney, 1992 ; p. 47 (C) *Astérix Le Gaulois* © 2013 Les Éditions Albert René / Goscinny-Uderzo ; p. 66 © www.lalanguefrançaiseenfete.be / www.francophonie.org / www.dismoidixmots.culture.fr

Chansons : avec l'aimable autorisation de Naïve en licence exclusive / auteurs, compositeurs, interprètes : ZUT © 2010 – JOKAPE, www.naive.fr

Conception graphique de la couverture : Christophe Roger
Conception graphique : Sylvaine Collart
Mise en pages et déclinaison graphique : Anne-Danielle Naname, Juliette Lancien
Illustrations : Florence Langlois
Autre illustratrice : Dorothée Jost (pages 7 – 11 – 12 – 17 – 21 – 27 – 29 – 31 – 38 – 48 – 49 – 51 – 59 – 60 – 61)
Secrétariat d'édition : Sarah Billecocq
ISBN : 978-2-01-155915-9

© Hachette Livre 2014
58, rue Jean Bleuzen, CS 70007, 92178 Vanves Cedex, France
http://www.hachettefle.fr

Nous avons fait tout notre possible pour obtenir les autorisations de reproduction des textes et documents publiés dans cet ouvrage. Dans le cas où des omissions ou des erreurs se seraient glissées dans nos références, nous y remédierons dans les éditions à venir.

Tous droits de traduction, de reproduction et d'adaptation réservés pour tous pays. Le code de la propriété intellectuelle n'autorisant, aux termes des articles L.122-4 et L.122-5, d'une part, que « les copies ou reproductions strictement réservées à l'usage privé du copiste et non destinées à une utilisation collective » et, d'autre part, que les « analyses et les courtes citations » dans un but d'exemple et d'illustration, « toute représentation ou reproduction intégrale ou partielle, faite sans le consentement de l'auteur ou de ses ayants droit ou ayants cause, est illicite ». Cette représentation ou reproduction, par quelque procédé que ce soit, sans autorisation de l'éditeur ou du Centre français de l'exploitation du droit de copie (20, rue des Grands-Augustins, 75006 Paris), constituerait donc une contrefaçon sanctionnée par les articles 425 et suivants du Code pénal.

Les symboles

Regarde et écoute ton professeur.

L'arbre généalogique des Legrand

💬 Présente les membres de la famille Legrand.

- Louis (1928-2012)
- Anna 72 ans
- Pierre 69 ans
- Colette 70 ans

- Jeanne 42 ans
- Luc 44 ans
- Bernard 39 ans
- Sylvie 41 ans

- Alice 11 ans
- Léo 9 ans
- Maggie 5 ans
- Pauline 14 ans
- Bob 7 ans
- Tom 7 ans

Unité 1 : Tous différents

Leçon 1 — D'où reviennent-ils ?

1 🎧 CD1 · 2 👉 Écoute et montre la bonne vignette.

2 🎧 3 👉 Écoute et montre sur la grande image.

3 🎧 4 👁 💬 Écoute, regarde et réponds.

4 🎧 5 💬 Écoute et dis d'où vient l'avion.

5 📖 Lis le texte. Trouve les neuf erreurs.

> Il est 11 heures. Nous sommes à la gare Paris-Charles de Gaulle. Marie revient d'Allemagne avec sa nièce Maty et son neveu Abdou. Mamie Anna revient des États-Unis. Maggie veut porter le sac de Mamie Anna. Il est lourd. Léo prend la valise de Mamie Anna. Elle est légère. Un touriste chinois cherche son avion sur l'écran. Il va à New York.

6 🎧 6 🚫 Écoute la chanson « Aujourd'hui, c'est la rentrée » du groupe Zut. Qu'est-ce que tu comprends ?

Unité 1

Peux-tu décrire le physique de quelqu'un ?

1 🎧 7 👉 Écoute et montre qui c'est.

A

B

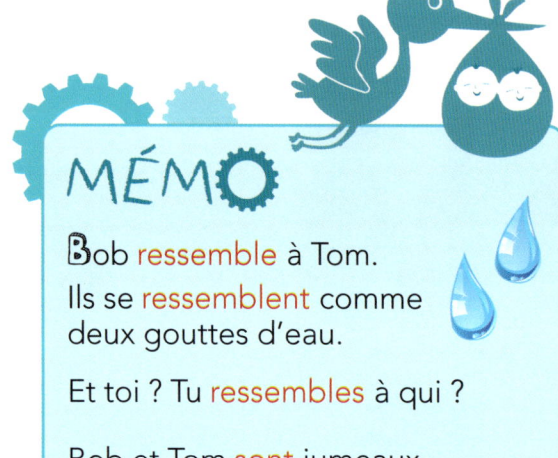

MÉMO

Bob **ressemble** à Tom.
Ils se **ressemblent** comme deux gouttes d'eau.

Et toi ? Tu **ressembles** à qui ?

Bob et Tom **sont** jumeaux.
Tu **connais** des jumeaux, des jumelles ?

2 🎧 8 💬 Écoute et dis qui c'est.

3 📖 💬 Lis et réponds.

a. **Qui** parle ?
1. **J'ai** les cheveux roux et en brosse.
2. Nous **avons** les cheveux gris et bouclés.

b. **À qui** parle le photographe ?
1. Tu **as** les cheveux courts, noirs et frisés.
2. Vous **avez** les cheveux roux et bouclés.
3. Vous **avez** les cheveux bruns.

c. **De qui** parle le photographe ?
1. Il **a** une barbe et une moustache.
2. Elles **ont** les cheveux longs.

4   Lis et corrige les erreurs.

a. Léo est brun. Il y a les yeux marron. Il est plus grand que son père.
   Maintenant, il a une barbe et une moustache.
b. Alice est blonde. Elle a les cheveux longs et raides. Elle a des tresses.
   Elle est aussi grande que Maty. Elle est plus petite que Marie.
c. Grand-mère Colette a les yeux bleus. Elle a les cheveux mi-longs, gris et bouclés. Elle est mince.
d. Luc a les yeux marron. Il a les cheveux courts, noirs et frisés.
e. Grand-père Pierre a beaucoup de cheveux. Il est chauve. C'est le plus vieux.
f. Maggie est rousse. Elle a les cheveux mi-longs. C'est la plus petite et la plus jeune.

5 À ton avis…

1,85 mètre   1,40 mètre
1,05 mètre   82 kilos
51 kilos   27 kilos

Combien mesure… ?

Luc Legrand
Marie
Maggie
toi

Combien pèse… ?

Léo
Grand-mère Colette
Mamie Anna
toi

6 Écoute, apprends puis récite avec un camarade le poème « Inspection générale » de Carl Norac.

Inspection générale

Tous les matins, de son visage,
le vampire fait l'inventaire.
Tous les matins, il craint le pire
devant son miroir centenaire.
Le nez est-il au centre ? Oui.
Les yeux en face des trous ? Oui.
Les cheveux bien gominés ? Oui.
Le front mi-soucieux (pour inquiéter) ? Oui.
Le sourire mi-content (pour rassurer) ? Oui.
Les joues et leur blancheur ? Oui.
Les dents toujours parfaites ? Oui.

– Alors, l'ami, qu'est-ce qui cloche ?
Se dit le vampire lassé de se voir.
– Rien ma foi, répond le miroir,
mais c'est bien dommage que tu sois si moche.

Carl Norac, *Petites grimaces et grands sourires*,
Éditions du Rocher, Lo Païs d'Enfance, 2006

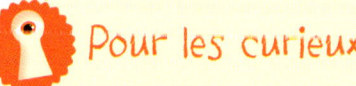 **Pour les curieux !**

Un vampire ne peut pas se voir dans un miroir.
Quelle drôle d'histoire !

Unité 1

Peux-tu décrire le caractère de quelqu'un ?

1. 🎧 💬 Écoute et dis qui c'est.

Pour les curieux !

Azur et Asmar est un film de Michel Ocelot.

Connais-tu son autre film, *Kirikou et la sorcière* ? C'est l'histoire d'un enfant courageux et d'une méchante sorcière.

2. 🎧 👉 Écoute et montre qui c'est.

3. 📖 💬 Lis et dis le numéro de la personne correspondante.

a. **Qui** parle ?
1. Je suis fort en français.
2. Nous sommes bavards.

b. **À qui** parle le directeur ?
1. Tu es paresseux.
2. Vous êtes intelligent.
3. Vous êtes gentilles.

c. **De qui** parle le directeur ?
1. Il est timide.
2. Elles sont courageuses.

Leçon 3

4   Lis le message du professeur et trouve qui est Paul sur le dessin.

Madame et Monsieur Martin,

Votre fils Paul n'est pas très studieux. Il parle beaucoup avec sa voisine. Il est bavard comme une pie. Il doit apprendre à écouter quand je parle. C'est un élève intelligent et sympathique mais il doit être plus sage pendant les cours de mathématiques.

Il doit travailler plus et parler moins.

J'aimerais vous parler. Pouvez-vous m'appeler au 06 78 39 41 96 ?

Merci d'avance.
Meilleures salutations.

      Monsieur Einstein
      Professeur de mathématiques de Paul (6ᵉ C)

5 Avec tes camarades, formez une ronde puis jouez au jeu « Je suis comme toi parce que… ». ➔ p. 64

« Je suis comme toi parce que je suis sympathique ! »

6 🎵 Écoute la chanson « À chacun sa tête » du groupe Zut et apprends le refrain.

À chacun, à chacun, à chacun sa tête
C'est pas parce qu'on a l'air un peu différent
Qu'on est forcément bête ou méchant

Unité 1

… des mots pour dire le contraire

1. Complète les phrases.

a. Ils sont pareils. ≠ Ils sont …

d. La plus grande. ≠ La plus …

b. Elle est gentille. ≠ Elle est …

e. Le plus lourd. ≠ Le plus …

c. Il est studieux. ≠ Il est …

MÉMO

Un mot peut avoir plusieurs contraires.
La réponse est bonne.
≠ La réponse est fausse.
La tarte est bonne. ≠ La tarte est mauvaise.

⚠ La tarte n'est pas fausse !!!

… des verbes pour aller et venir

2. Observe et lis. Trouve le verbe *aller*.

3. Observe le verbe *venir* et réponds.

Je viens	Ils/Elles viennent	Nous venons
Tu viens		Vous venez
Il/Elle/On vient		

a. D'où vient Maty ? (lieu de naissance)
b. D'où revient Mamie Anna ? (lieu de vacances)
c. D'où viens-tu ? (lieu de naissance)
d. D'ou reviens-tu ? (lieu de vacances)

DIS-MOI...

... des phrases pour comparer

4. Lis et trouve qui est qui.
a. Max est plus grand que Mona.
b. Élise est moins grande que Mona.
c. Hugo est plus grand que Max.
d. Mona est aussi grande que Némo.

5. 🎧13 **Observe le dessin et trouve les frères et sœurs puis écoute la correction.**

... à l'oreille !

6. 🎧14 **Observe les dessins et écoute. Est-ce que tu entends une différence ?**

A — Le maître des colles.

B — Le maître d'école.

C — Le maître décolle.

7. 🎧15 **Observe le dessin et écoute deux fois. La deuxième fois, répète la phrase correcte.**

Unité 1 — GRAND doc
JE DÉCOUVRE...
« la carte mentale » de Maty

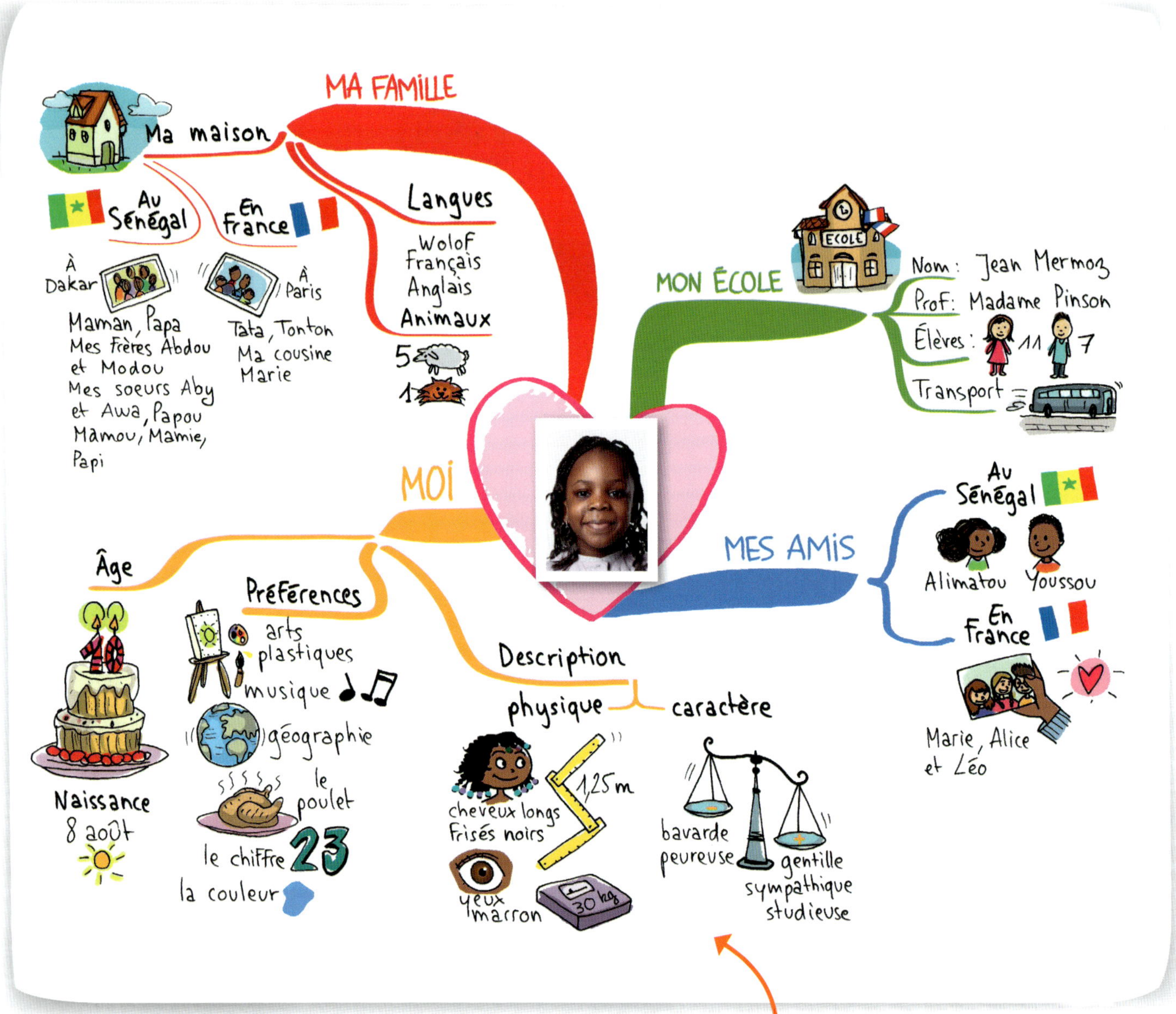

MA FAMILLE
- Ma maison
  - Au Sénégal : À Dakar — Maman, Papa, Mes frères Abdou et Modou, Mes sœurs Aby et Awa, Papou, Mamou, Mamie, Papi
  - En France : À Paris — Tata, Tonton, Ma cousine Marie
- Langues : Wolof, Français, Anglais
- Animaux : 5 🐑, 1 🦀

MON ÉCOLE
- Nom : Jean Mermoz
- Prof : Madame Pinson
- Élèves : 11, 7
- Transport : 🚌

MOI

MES AMIS
- Au Sénégal : Alimatou, Youssou
- En France : Marie, Alice et Léo

Âge — Naissance 8 août

Préférences : arts plastiques, musique, géographie, le poulet, le chiffre 23, la couleur

Description
- physique : cheveux longs frisés noirs, 1,25 m, yeux marron, 30 kg
- caractère : bavarde, peureuse, gentille, sympathique, studieuse

---

1 Observe et montre : qu'est-ce que c'est ?

 A

 B

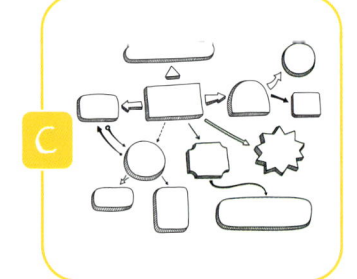 C

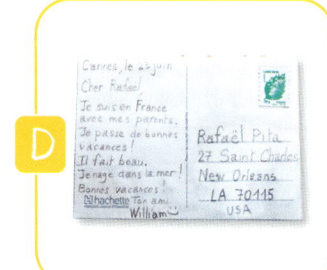 D

Projet

Fabriquez « la carte mentale » de votre classe.

A. Avec tes camarades et ton professeur, **décidez** du nombre de branches, de leur nom et de leur couleur.

B. Fabrique ta carte mentale individuelle.
a. Prends une feuille blanche sans lignes dans le sens horizontal.
b. Colle ta photo au cœur de la feuille.
c. Trace les branches autour du cœur.
d. Écris les mots sur les branches.
e. Ajoute des dessins, des symboles.
f. Colorie les branches principales de la bonne couleur.

C. Fabriquez votre carte collective.
a. Collez une photo de classe sur le mur de la salle de français.
b. Collez autour de cette photo toutes les cartes mentales individuelles.
c. Tracez une flèche partant de la photo de classe à votre carte mentale en écrivant votre nom au-dessus de la flèche.

D. Comparez-vous à partir de vos cartes mentales !

---

2 Observe la carte mentale et réponds.

A. Qui est en photo dans le cœur de la carte mentale ?
B. Cette carte mentale a combien de branches ?
C. Cite le nom de chaque branche et dis sa couleur.

3 Lis la carte mentale et réponds.

A. D'où vient Maty ? Montre où est écrite la réponse.
B. Quelle est la date d'anniversaire de Maty ?
C. Est-ce que Maty a des animaux ? Si oui, lesquels ?
D. Quels sont les défauts de Maty ?

4 Pose des questions sur Maty à tes camarades.

5 🎧16 Écoute Alice. Elle parle de Maty. Dis si c'est vrai, faux ou si tu ne sais pas.

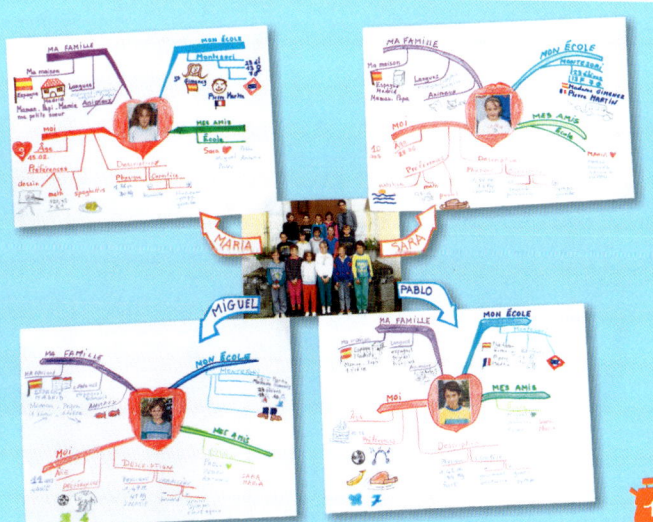

Unité 2 : Des jardiniers en herbe

Leçon 1 — Que font-ils ?

1  Lis, écoute et réponds.

A. Claude Monet
(Paris, 1840 – Giverny, 1926)
Autoportrait, 1886

B. Claude Monet
(Paris, 1840 – Giverny, 1926)
Nymphéas*, 1907

C.

Horaires et tarifs
La Fondation Claude Monet est ouverte tous les jours du 29 mars au 1er novembre de 9h30 à 18h00

Tarifs d'entrée : Maison et jardins
Adultes : 9,50 euros
Enfants – de 12 ans : 5 euros
Enfants – de 7 ans : gratuit

Accès À 75 km de Paris
En train : gare de Vernon (de Paris, prendre le train à la gare Saint-Lazare)
Navette de bus : Vernon-Giverny (8 euros aller / retour – Départ des navettes 15 minutes après l'arrivée des trains venant de Paris)
En voiture : autoroute A13 ou A28 (8 euros aller / retour)

*nénuphars

2 Écoute et observe l'exemple puis écris les nombres.

6	26	926	1 926
six	vingt-six	neuf cent vingt-six	mille neuf cent vingt-six

3 Lis et réponds.
a. Quelle est la distance de Paris à Giverny ?
b. En quelle année est né Monet ?
c. En quelle année peint-il *Nymphéas* ?

4  Écoute et montre qui parle sur la grande image.

5  Écoute et réponds.

6 Lis puis illustre le dialogue.

Maggie : C'est qui le monsieur qui porte une brouette ? C'est M. Monet ?

Luc : Non, M. Monet est mort. Lui, c'est le jardinier qui jardine dans le jardin.

Unité 2

Veux-tu te promener ?

1. 🎧 21 💬 Écoute l'audioguide et dis la lettre de la photo.

2. 🎧 21 📖 💬 Écoute à nouveau l'audioguide. Lis les conjugaisons et dis la lettre de la photo ou des photos.

1. Je **visit**e la maison de Monet.
2. Tu **visit**es le salon-atelier de l'artiste.
3. Il **visit**e la cuisine bleue du peintre.
4. Ils **visit**ent la salle à manger.
5. Nous **visit**ons la chambre.
6. Vous **visit**ez le rez-de-chaussée.
7. **Je me promèn**e au bord de l'étang.
8. **Tu te promèn**es dans l'allée.
9. **Il se promèn**e sur le pont vert.
10. **Ils se promèn**ent devant l'escalier.
11. **Nous nous promen**ons dehors.
12. **Vous vous promen**ez au milieu des fleurs.

 Lis, écoute et réponds. Explique tes choix.

a. Quel est le prénom du jardinier de la Fondation Monet ?
b. Quel jardinier est le personnage d'une histoire célèbre ?
c. Quel jardinier chante une chanson qui parle de fruits ?

Pour les curieux !

L'arbre qui est sur le drapeau libanais est un cèdre.
La feuille d'arbre qui est sur le drapeau canadien est une feuille d'érable.

Cherche ces drapeaux sur Internet !

 Écoute. Qu'est-ce que tu entends ? Réponds puis écoute les réponses.

 Écoute, apprends puis récite avec tes camarades le poème « L'arbre » d'après Jacques Charpentreau.

L'arbre

Perdu au milieu de la ville,
L'arbre tout seul, à quoi sert-il ?
Les parkings, c'est pour stationner,
Les camions pour embouteiller,
Les motos pour pétarader,
Les vélos pour se faufiler.
L'arbre tout seul, à quoi sert-il ?

Les maisons, c'est pour habiter,
Les magasins pour acheter.
Les néons pour illuminer,
Les feux rouges pour traverser.
L'arbre tout seul, à quoi sert-il ?

Les Présidents pour présider,
Les télés, c'est pour regarder,
Les montres pour se dépêcher,
Les mercredis pour s'amuser.
L'arbre tout seul, à quoi sert-il ?

Il suffit de le demander
À l'oiseau qui chante à la cime.

D'après Jacques Charpentreau

Unité 2

Tu veux jouer à l'herboriste ?

1 🎧 25 💬 Qu'est-ce que c'est ? Écoute et répète.

A	B	C
une feuille	une graine	une fleur

D	E	F
un fruit	une plante	un arbre

2 🎧 26 👉 Écoute et montre le bon dessin.

3 🎧 27 Comment fait-on un herbier ? Écoute et remets les dessins dans l'ordre.

4 Continue la conjugaison de l'herbier.

Exemple : Je coupe les fleurs et les feuilles avec un sécateur.
a. Tu **dépos**es … dans … .
b. Il **observ**e et il **class**e … avec … .
c. Les feuilles triées **sèch**ent entre … .
d. Nous **coll**ons … avec … sur … .
e. Vous **not**ez … .

5 De quoi as-tu besoin pour faire ton herbier ? Lis et associe pour dire à quoi ça sert.

a. Des ciseaux ou un sécateur
b. Un panier et des gants de jardinier
c. Une loupe et un carnet
d. Un livre de botanique
e. Du papier journal
f. Du ruban adhésif ou de la colle

pour

1. faire sécher
2. couper
3. coller
4. observer et prendre des notes sur
5. ramasser
6. classer

les plantes

6 🎧 28 👉 Écoute la chanson « Les pelouses interdites » du groupe Zut et montre le panneau qui illustre le refrain.

A

B

C

D

7 🎧 29 Que disent les panneaux ? Réfléchis avec un camarade, répondez puis écoutez la correction.

Unité 2

... des mots de la même famille

désherber | herbe | herbier | herbivore | herboriste | herboristerie

1. Observe la famille du mot HERBE et complète sur une feuille l'autre famille.

2. Observe comment les mots de la famille du mot HERBE sont rangés sur la corde. Classe les mots de l'autre famille de la même manière.

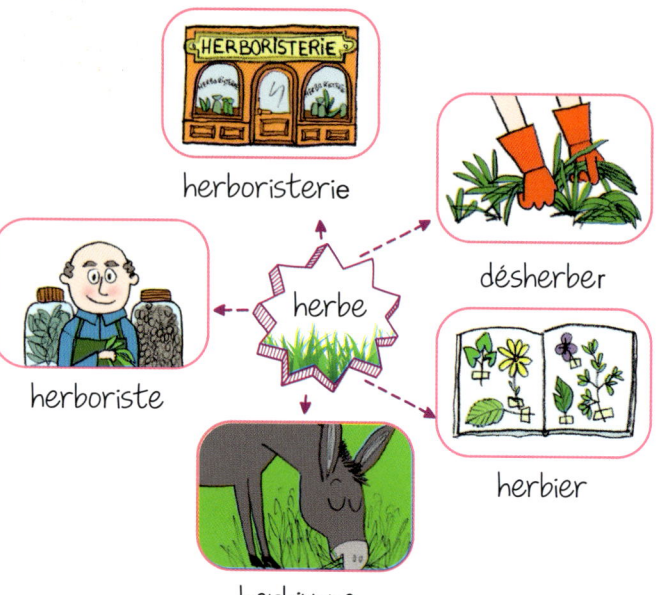

... des verbes à l'infinitif

3. Lis, montre le bon dessin et dis le nom du verbe. Attention aux pièges rigolos !

a. Nous savons.

b. Je plante.

c. Il lit.

DIS-MOI...

4. Observe. Quels sont les deux verbes dans chaque colonne ?

Je plante	Je grandis	J'écris
Tu plantes	Tu grandis	Tu écris
Il plante	Il grandit	Il écrit
Ils plantent	Ils grandissent	Ils écrivent
Nous plantons	Nous grandissons	Nous écrivons
Vous désherbez	Vous fleurissez	Vous lisez

MÉMO

Il existe trois groupes de verbes :
- Les « nombreux » : verbes du 1er groupe en **-ER** comme **PLANTER**.
- Les « -issez » : verbes du 2e groupe en **-IR** comme **GRANDIR** (**GRANDISSEZ**).
- Les « irréguliers » : verbes du 3e groupe comme **AVOIR**, **ÊTRE**, **ALLER**, **VENIR**, **RIRE**, **ÉCRIRE**...

... des phrases *avec qui*

5. Observe les exemples et complète.

A. Monet peint des nénuphars.
Qui peint des nénuphars ?
C'est Monet qui peint des nénuphars.

B. Un joli papillon se pose sur le cœur de la marguerite.
Qui se pose sur le cœur de la marguerite ?
C'est un joli papillon qui se pose sur le cœur de la marguerite.

C. Le chien se couche au pied de l'arbre.
Qui ... ?
C'est ... qui se couche ... .

6. Observe l'exemple et amuse-toi à tout mélanger.
a. C'est Monet qui *se pose sur le cœur de la marguerite.*
b. C'est un joli papillon qui ...
c. C'est le chien qui ...

... à l'oreille !

7. 🎧30 Observe les dessins, écoute puis répète.

a. Jacques, le jardinier, jardine dans le jardin.

b. Gabor, le garagiste, se gare dans le garage.

Unité 2 — GRAND doc
JE DÉCOUVRE...
Lucas, jardinier en herbe

1 **Je m'appelle Lucas,** j'ai 10 ans et je suis jardinier en herbe. J'apprends à jardiner avec ma grand-mère. J'adore la nature, la montagne, la mer, la campagne et j'adore les animaux. Mais ce que je préfère, c'est le jardinage. Dans mon jardin, sur la pelouse, il y a un banc et une balançoire. J'aime bien jouer dans mon jardin mais je préfère m'occuper des plantes, des fleurs et des légumes. Dans mon jardin, il y a aussi une cabane avec des outils.

2 **Dans la cabane,** il y a les outils de jardinage de ma grand-mère et les miens : sa bêche, sa fourche, son sécateur, ma brouette, mon arrosoir, mon râteau et mon plantoir. Je jardine toujours avec ma grand-mère. Ce que je préfère, c'est arroser les plantes avec le tuyau d'arrosage, désherber autour des fraisiers et, après, manger les fraises !

3 **Mon jardin est très grand.**
Au sud, il y a un verger avec de nombreux arbres fruitiers : des pommiers, des pêchers, des poiriers, des abricotiers. À l'est, il y a un potager avec beaucoup de légumes : des pommes de terre, des carottes, des tomates, des haricots, des salades.

J'ai la main verte.

4 **Dans mon jardin,** il y a aussi beaucoup de fleurs : des roses, des tulipes, des marguerites, des tournesols... Mes fleurs sont très belles. Maman dit que j'ai la main verte !

5 Il y a beaucoup d'animaux qui vivent dans mon jardin : des escargots, des limaces, des coccinelles, des fourmis, des chenilles, des papillons et, bien sûr, beaucoup de vers de terre.
Un jardin, c'est beaucoup de travail ! Mais moi, j'adore ça ! Le jardinage, c'est ma passion !

6 Si toi aussi tu aimes le jardinage, tu peux correspondre avec moi. Écris au magazine Aparsa.

1. Il y a des jardins dans ton pays ? Comment sont-ils ? As-tu un jardin ?

2. **Lis le texte et réponds.**
   A. Lucas apprend à jardiner. C'est un jardinier en fleur, en herbe ou en arbre ?
   B. Lucas apprend à jardiner avec qui ?
   C. Lucas préfère jouer dans le jardin ou jardiner ?
   D. Lucas a la main verte parce que c'est un bon peintre ou un bon jardinier ?

3. **Relis le texte et remets dans l'ordre.**
   A. Lucas parle des outils de jardinage.
   B. Lucas parle des animaux du jardin.
   C. Lucas parle du verger et du potager.
   D. Lucas cherche des amis qui aiment aussi le jardinage.
   E. Lucas se présente.
   F. Lucas parle des fleurs.

4. 🎧 **Écoute la définition et dis le mot.**

5. 💻 **Recherche les photos des mots que tu ne connais pas sur Internet.**

Projet

Fabriquez « un abécédaire mural » du jardin pour votre classe.

A. Avec tes camarades et ton professeur, **décidez** des mots à illustrer :
– des fleurs, des arbres qui poussent dans un jardin ;
– des fruits et des légumes ;
– des outils pour jardiner ;
– des animaux qui vivent dans le jardin ;
– …

B. Regarde la page d'Aïcha. Qu'est-ce que c'est ?
C'est une plante qui vit dans l'eau, dans les étangs. Monet a peint ces plantes sur ses tableaux. Elle commence par la lettre N.

C. Fabrique ta page individuelle.
a. Prends une feuille blanche sans lignes dans le sens vertical.
b. Écris en grand la lettre initiale du mot.
c. Écris la définition du mot.
d. Dessine ou colle une image du mot.

D. Jouez au jeu du morpion avec les pages de votre abécédaire. ➜ p. 64

E. Affichez votre abécédaire mural. Attention à l'ordre alphabétique !

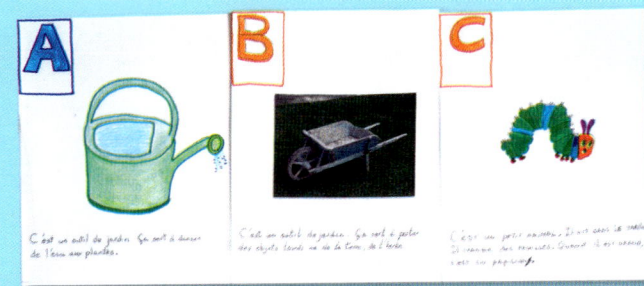

Unité 3 : Le passé, c'est passé !

Leçon 1 — Que s'est-il passé ?

1. 32 Écoute et montre.

2.  33   Écoute, mime et répète.

3. 34 Écoute et montre qui parle sur la grande image.

4. 35 Écoute et réponds.

5. Lis et remets dans l'ordre. Écris les phrases et illustre.

| de la petite fille | Le chat | de l'arbre. | est descendu |

| est retourné | dans sa boîte. | Il |

Unité 3

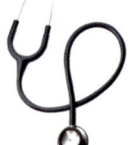 

Tu es malade ? Tu t'es fait mal ?

1  Écoute et dis qui c'est.

2   Associe les photos puis écoute pour vérifier.

   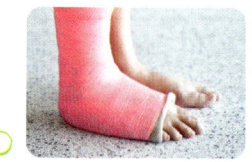

3 Lis et complète avec *coupé*, *piqué*, *cassé* ou *cogné*.

a. Elle s'est … le doigt en préparant une salade de fruits.
b. Je me suis …. la tête contre le rebord de la fenêtre.
c. Tu t'es … le doigt avec une punaise.
d. Elle s'est … le pied dans la cour de récréation.

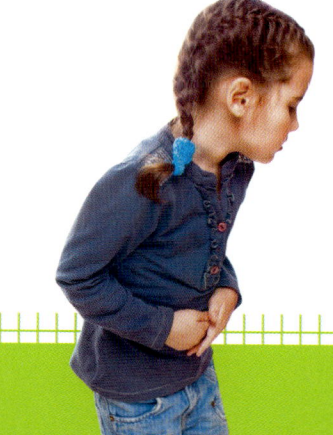

4   Lis et imagine la fin.

a. Nous nous sommes cognés…
b. Vous vous êtes piqués…
c. Ils se sont coupés…

Pour les curieux !

Certaines maladies ont des noms de couleur : la roséole, la rougeole, la jaunisse…

Attention, les Schtroumpfs n'ont pas la bleuole, ni la bleuisse ! Ils sont bleus et en bonne santé !

5   Observe et dis ce qui s'est passé.

6 Écoute la chanson « Ouch ! Ouille ! Bobo ! » du groupe Zut. Dis ce que tu comprends et chante.

Unité 3

Où es-tu allé ? Qu'as-tu fait ?

1. Écoute où ils sont allés et montre.

 A
 B
 C
 D
 E
 F

2. Lis et dis où ils sont allés.

a. **L'année dernière**, nous avons dormi sous une tente et nous avons traversé le désert à dos de chameau.
b. **Avant-hier**, j'ai ramassé un gros coquillage. J'ai mis le coquillage contre mon oreille. J'ai entendu la mer.
c. **La semaine dernière**, vous avez visité le jardin de Monet et vous avez pris de magnifiques photos.
d. **Ce matin**, pendant la récréation, tu as joué au foot et tu t'es tordu la cheville.
e. **Hier soir**, ils ont vu un très beau film et ils ont pleuré
f. **Il y a trois mois**, elle a fait un joli bonhomme de neige avec son neveu et sa nièce.

3. Observe la ligne du temps. Place puis raconte les événements de l'exercice 2 du plus ancien au plus récent.

... ... C ... ... maintenant

④   Lis la bande dessinée.

⑤  Écoute et dis les différences entre la bande dessinée et la bande son.

⑥ Avec tes camarades, apprends et joue la bande dessinée au présent, au passé ou les deux.

Unité 3

... des mots pour dire quand

- Avant-hier
- En 2011
- Il y a trois mois
- La semaine dernière
- Hier soir
- À 7 heures et quart
- Aujourd'hui
- L'année dernière

1. Lis et réponds.
a. En quelle année es-tu né(e) ?
b. À quelle heure t'es-tu réveillé(e) ce matin ?
c. Quand es-tu allé(e) en vacances pour la dernière fois ?
d. Quel jour as-tu fait du sport cette semaine ?
e. Quand as-tu fêté ton anniversaire ?
f. Quand as-tu été malade pour la dernière fois ?
g. Quand as-tu fini de lire ton dernier livre ?

Pour les curieux !
Marianne et Hugues ont créé *Les Loustics* en 2011.
Florence a dessiné *Les Loustics* pour la première fois en septembre 2012.
Marianne et Hugues ont présenté le livre *Les Loustics 1* le 7 février 2013 à Paris.

... des verbes au passé composé

2. Raconte avec tes camarades la vie du chat des Legrand au passé.

- naître / est né(e)
- arriver / est arrivé(e)
- venir / est venu(e)
- rester / est resté(e)
- monter / est monté(e)
- entrer / est entré(e)
- partir / est parti(e)
- passer / est passé(e)
- sortir / est sorti(e)
- aller / est allé(e)
- descendre / est descendu(e)
- tomber / est tombé(e)
- mourir / est mort(e)

+ se réveiller / s'est réveillé(e) – se doucher / s'est douché(e) – s'habiller / s'est habillé(e) – …

3. Lis les verbes. Au passé composé, ils se conjuguent avec *être* ou *avoir* ?
aller – faire – se cogner – marcher – arriver – danser – finir – jouer – s'habiller

... des phrases au passé

DIS-MOI...

4. Écris les phrases au passé composé.
a. Ce matin, je me lève à sept heures.
b. Aujourd'hui, tu vas chez le médecin.
c. Il reste à la cantine.
d. Le mercredi après-midi, nous jouons au foot.
e. Vous finissez votre activité.
f. Ils dansent toute la nuit.

MÉMO

Passé composé (**PC**)

être	avoir	participe passé (PP)
Je (me) **suis**	J'**ai**	
Tu (t') **es**	Tu **as**	
Il (s') **est**	Il **a**	 é / i / u
Nous (nous) **sommes** ou	Nous **avons** +	
Vous (vous) **êtes**	Vous **avez**	
Ils (se) **sont**	Ils **ont**	

PC = *avoir* ou *être* + **PP**
Exemples : Je me suis lavé(e). Tu es parti(e). Nous avons lu.

... à l'oreille !

5.  Fabrique deux pancartes : Passé / Présent. Écoute et montre la pancarte correspondante.

6.  Écoute et cherche les phrases déguisées.
a. G visiT la maison où Monet a AbiT.
b. G touC en buvant du T avec mon PP.
c. G enleV l'herbe dans le potaG.
d. G planT D OranG dans le verG.

7. Choisis une phrase et chuchote-la à l'oreille de tes camarades. Le dernier la répète à haute voix.

Unité 3 GRAND doc

JE DÉCOUVRE... Un peu d'histoire

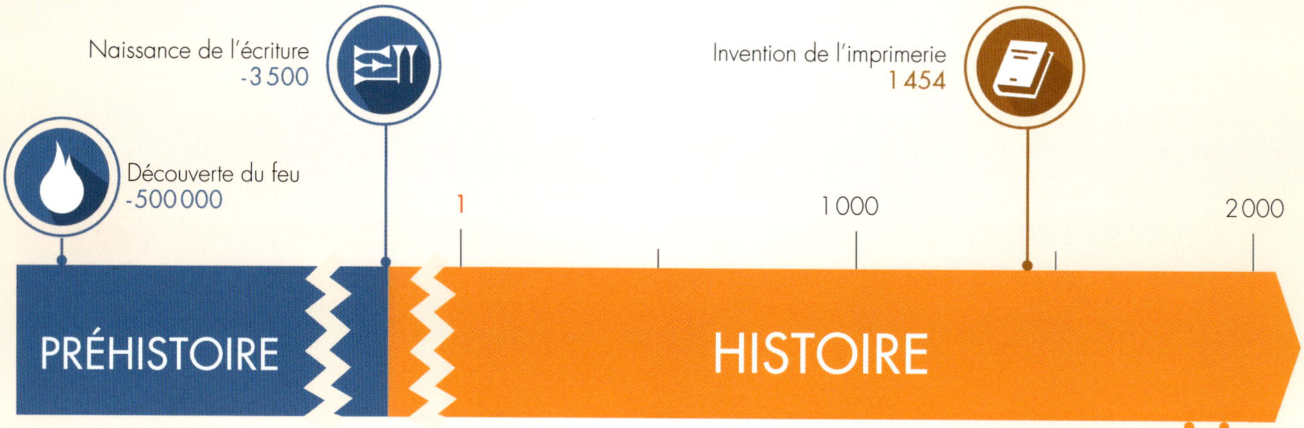

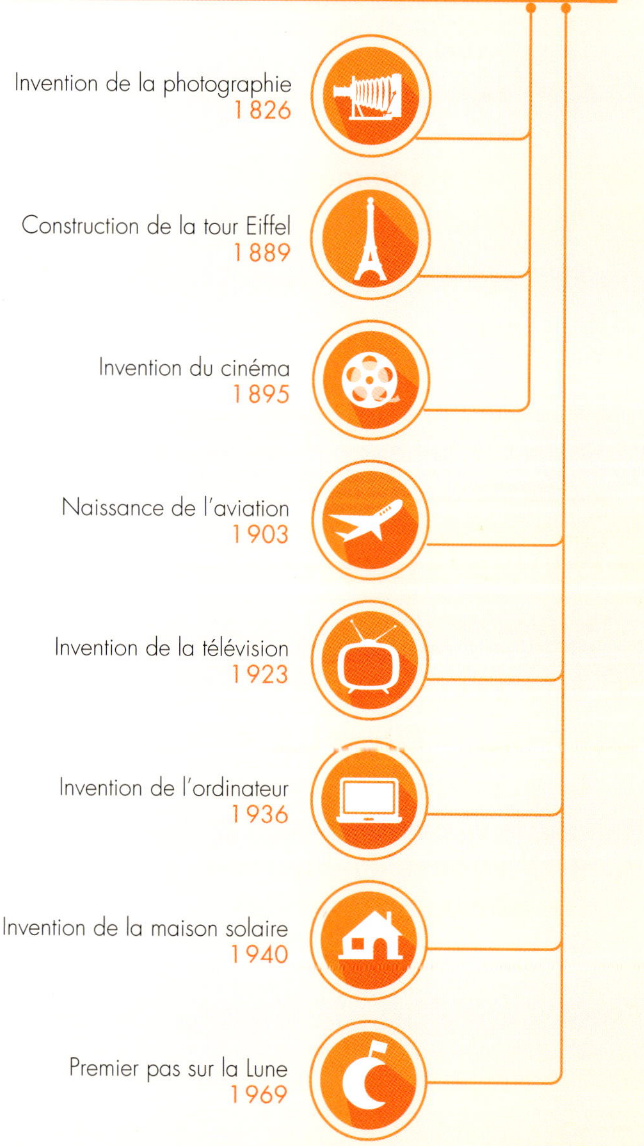

PRÉHISTOIRE

- Découverte du feu -500 000
- Naissance de l'écriture -3 500

HISTOIRE

- Invention de l'imprimerie 1454
- Invention de la photographie 1826
- Construction de la tour Eiffel 1889
- Invention du cinéma 1895
- Naissance de l'aviation 1903
- Invention de la télévision 1923
- Invention de l'ordinateur 1936
- Invention de la maison solaire 1940
- Premier pas sur la Lune 1969

Gustave Eiffel est un ingénieur et constructeur français. Il est né à Dijon. Il a participé à la construction de la statue de la Liberté. Il a construit la tour Eiffel de 1887 à 1889. C'est un grand constructeur !

Auguste et Louis Lumière sont nés en France à Besançon. On les appelle les frères Lumière. Ils ont inventé le cinéma en 1895. Leur film le plus connu s'appelle *L'arroseur arrosé*. Leur invention, le cinéma, s'appelle aussi le 7e art. Ce sont de grands inventeurs !

Maria Telkes est une scientifique américano-hongroise. Elle a inventé, avec l'architecte Eleanor Raymond, la première maison solaire en 1940. C'est une grande scientifique !

Neil Armstrong a voyagé dans l'espace. Il est allé sur la Lune à bord de la fusée Apollo 11. Il est le premier homme qui a marché sur cet astre. Il a posé le pied sur la Lune le 21 juillet 1969. Quel grand astronaute !

Préhistoire et Histoire 29

1 À ton avis, ce document est extrait d'un livre de mathématiques, d'histoire ou de géographie ?

2 Lis et réponds.

A. Sais-tu quand la Préhistoire s'est terminée et quand l'Histoire a commencé ? À la naissance de la confiture, de l'écriture ou de la peinture ?

B. Dis ce qui s'est passé : de 1887 à 1889 – en 1895 – en 1940 – en 1969.

3 🎧43 Relis puis ferme ton livre. Écoute et joue au jeu « Questions pour un champion ». ➡ p. 64

4 Nous sommes en 2083. En 2029, tu as fait une grande découverte ou tu as inventé quelque chose d'extraordinaire. Dis ce que c'est. Parle au passé en prenant une voix de personne âgée.

5 💻 Recherche sur Internet des informations sur les hommes et les femmes célèbres de ton pays. Note ces renseignements sur deux ou trois fiches.

6 Avec tes camarades, créez un jeu « Questions pour un champion » et jouez ! ➡ p. 64

Projet

Fabriquez « des mobiles chronologiques ».

A. Choisis des objets pour dire ce que tu as fait il y a un an, trois mois, pendant les vacances, il y a une semaine…
Par exemple :
– une feuille d'arbre pour dire que tu es allé(e) au parc.
– un ticket de cinéma pour dire que tu es allé(e) au cinéma.
– une bougie pour dire que tu as fêté ton anniversaire…

B. Suspends les objets chronologiquement sur un cintre ou un morceau de bois avec du fil.
Indique le moment sur des étiquettes accrochées au mobile.

C. Avec tes camarades, **exposez** vos mobiles et **racontez** vos histoires.

D. Écris un texte qui raconte tout ce que tu as fait, où tu es allé(e), quand, avec qui.

E. Avec tes camarades, **exposez** vos textes à côté de vos mobiles.

Leçon 1 — Tu es déjà venu à Bruxelles ?

1 🎧 CD2 2 💬 Écoute la biographie de René Magritte. Associe un moment de sa vie à un document.

A — Raymond, René et Paul Magritte (1907)

B — René Magritte (1936)

C — Le Fils de l'homme (1954)

D — Affiche publicitaire (1931)

E — La Trahison des images (1929)

F — Le Thérapeute (1941)

2 🎧 2-3 💬 Écoute à nouveau et réponds.

3 👁 🎧 4 💬 Observe la grande image. Écoute et dis où sont les enfants, d'où ils viennent, qui est la dame. Quels enfants sont déjà venus à Bruxelles ?

4 🎧 4 💬 Écoute à nouveau et dis pourquoi l'exposition s'appelle « Chapeau Magritte ! ».

5 📖 💬 Lis le texte. Trouve les huit erreurs.

René Magritte est né en France. Son grand-père vend des chapeaux et sa maman fabrique des costumes. Magritte rêve de devenir jardinier. Il apprend à peindre à l'Académie des Beaux-Arts de Cologne. À 24 ans, il se marie avec Georgette. Georgette adore les pommes. Magritte est mort il y a deux mois.

Unité 4

Ça fait combien ?

1   Écoute et montre.

A

1 € 6,80 €

B

12,50 € 9,95 € 10,00 €

C

5,60 € 4,65 €

D

20 € 12,80 €

E

17,70 €

F

13,10 €

G

1,40 €

H

9,30 €

muséemagrittemuseum

9 rue du Musée / Museumstraat
1000 Bruxelles / Brussel
----
petit poster   1 x 12,80
marque-page   2 x 1,40
Créer avec Magr   1 x 12,50
bte 8 cartes + env 1 x 6,80

Nombres d'articles / Aantal artikelen : 5
À payer / Te betalen : 34,90 euros

29/03/2014 – 10:50 – Nr 54768
MERCI ET AU REVOIR
DANK U EN TOT ZIENS

2  Observe le ticket de caisse, écoute et réponds.

3 Écoute Léo faire ses achats. Puis regarde le ticket de caisse et trouve l'erreur de la vendeuse.

4 Lis et trouve ce que Hugo a acheté à la boutique du musée Magritte.

Tu sais que :
Hugo a payé 33,30 euros.
Il n'a pas d'ordinateur à la maison.
Il n'a pas acheté de poster, ni de calendrier.
Il adore faire des puzzles.
Il n'aime pas écrire mais il adore lire.

Je voudrais...

Pour les curieux !

Léo est très poli. Il ne dit pas : « Je veux le poster ; je veux aussi un marque-page, etc. »
Il dit : « Je voudrais… ».
Pour être poli comme Léo, dis : « Je voudrais acheter…, je voudrais un… »

5 Et toi, qu'est-ce que tu voudrais acheter dans cette boutique ? Fais la liste et dis combien ça fait.

6 Choisis les billets et les pièces pour payer le prix exact.

Unité 4

Es-tu un rêveur ?

LA FOURMI

Une fourmi de dix-huit mètres
Avec un chapeau sur la tête,
Ça n'existe pas, ça n'existe pas.

Une fourmi traînant un char
Plein de pingouins et de canards,
Ça n'existe pas, ça n'existe pas.

Une fourmi parlant français,
Parlant latin et javanais,
Ça n'existe pas, ça n'existe pas.

Et pourquoi pas ?

Robert Desnos,
*Trente chantefables
pour les enfants sages*
(1944)

1. 🎧 💬 **Ferme ton livre, ferme les yeux, écoute le poème et réponds.**

a. L'insecte du poème, est-ce que c'est une limace, une fourmi ou une chenille ?
b. Combien mesure cette fourmi ? 8 mètres, 15 mètres ou 18 mètres ?
c. Qu'est-ce qu'elle porte ? Une cravate, un chapeau, des boucles d'oreille ?

2. 🎧 💬 **Écoute et cherche les réponses dans le poème.**

3. 🎧 💬 **Entraîne-toi à réciter le poème.**

a. Écoute et complète en disant : « Ça n'existe pas, ça n'existe pas. »
b. Écoute, répète, mime les vers et complète avec : « Ça n'existe pas, ça n'existe pas. »
c. Joue et récite le poème avec tes camarades.

Pour les curieux !

Ce poème a 1 titre : *La fourmi*.
Il rime : *mètres / tête* ; *char / canards* ; *français / javanais*.
Il a 4 strophes : 3 strophes de 3 vers et 1 strophe d'1 vers isolé. 10 vers au total.
Son auteur s'appelle Robert Desnos. C'est un poète.
Ce poème se trouve dans un recueil de poèmes qui s'appelle *Trente chantefables pour les enfants sages*.

4   Es-tu un rêveur ?

a. Réponds aux questions.
b. Écris le nombre de ronds, de carrés et de triangles dans ton cahier et note le résultat.
c. Lis tes résultats.

1 Quand tu dors :
- ■ tu ne rêves pas.
- ▲ tu rêves un peu.
- ● tu rêves beaucoup.

2 Que préfères-tu ?
- ● Te promener dans la nature.
- ■ Jouer à l'ordinateur.
- ▲ Regarder la télé.

1 ● = 2 points
1 ▲ = 1 point
1 ■ = 0 point

3 À l'école :
- ▲ tu oublies parfois quelque chose.
- ● tu oublies toujours quelque chose.
- ■ tu n'oublies jamais tes affaires.

4 À la maison, quand on t'appelle :
- ■ tu réponds tout de suite.
- ▲ tu réponds parfois.
- ● tu n'entends pas.

5 Quand tu t'habilles :
- ● tu ne trouves pas tes chaussettes.
- ■ tes chaussettes sont bien rangées.
- ▲ tu dois parfois chercher tes chaussettes.

6 Quand tu regardes le ciel et les nuages :
- ■ tu regardes les avions.
- ▲ tu regardes les nuages et parfois tu vois des formes.
- ● tu imagines que les nuages sont des objets, des personnes.

Résultats :

Tu as entre 8 et 12 points : Tu es un grand rêveur. Tu as souvent la tête dans les nuages.

Tu as entre 4 et 7 points : Tu es un peu rêveur mais pas trop. Tu as parfois la tête dans les nuages mais pas souvent.

Tu as entre 0 et 3 points : Tu n'es pas un rêveur. Tu n'as jamais la tête dans les nuages. Au contraire, tu as les pieds sur terre.

5 🎧11 🎤 Écoute la chanson « J'aimais bien mon rêve » du groupe Zut, dis ce que tu comprends et chante.

6 Joue au jeu du dialogue surréaliste. ➜ p. 65

Unité 4

... des mots
pour comprendre le cartel d'un tableau

Le cartel est une petite carte qui est juste à côté du tableau d'un artiste. Le cartel te donne des informations sur le tableau : le nom du peintre, le titre, les dimensions, la technique, la date de réalisation…

1. 🎧12 Écoute et montre.

Le support

A le mur   B le bois   C le papier   D la toile

La technique

E le collage   F la gouache   G le pastel   H la peinture à l'huile

2. **Lis et réponds.**
   Et toi ? À l'école, tu utilises le plus souvent quel support ? Quelle technique préfères-tu ?

3. **Lis le cartel de ce tableau et réponds.**
   a. Comment s'appelle le peintre ?
   b. Quel est le titre de ce tableau ?
   c. Quel support a utilisé le peintre ?
   d. Quelle technique a-t-il utilisée ?
   e. Quelles sont les dimensions du tableau ?
   f. En quelle année a-t-il peint ce tableau ?
   g. Quand est mort le peintre ? Où ?
   h. Où peux-tu voir ce tableau ?

René Magritte
(Lessines 1898 -
Bruxelles 1967)
L'Empire des Lumières, 1954
Huile sur toile
(146 x 114 cm)
Musée Magritte,
Bruxelles

... des verbes
pour inviter, conseiller, donner des consignes et des ordres

4. 🎧13 Écoute et dis à quel dessin ça correspond. Peux-tu expliquer la différence entre les deux situations ?

A   B

5. 🎧14 **Écoute, lis et classe ces phrases.**
a. Entrez ! b. Venez visiter ! c. Mettez vos chapeaux ! d. Fais attention ! e. Ferme ton livre ! f. Observons ce tableau ! g. Répondez aux questions !

un conseil	une invitation	un ordre
…	…	…

MÉMO

Il y a 3 personnes à l'impératif présent.

	regarder	partir
à toi	regarde	pars
à nous	regardons	partons
à vous	regardez	partez

… des phrases pour dire si tu as déjà fait quelque chose ou pas

6. 🎧15 **Observe, écoute et réponds.**

Est-ce que tu as **déjà** vu une fourmi de 18 mètres ? Non, je **n'ai jamais** vu de fourmi de 18 mètres.

Est-ce que tu es **déjà** allé à Paris ? Oui, je suis **déjà** allé à Paris.

Est-ce que tu as **déjà** préparé une exposition ? Non, je **n'ai jamais** préparé d'exposition.

7. Pose une question à un camarade qui commence par « Est-ce que tu … déjà … ? »

… à l'oreille !

8. 🎧16 **Écoute et montre.**

A    B     C

9. Choisis une phrase, dis-la et demande à tes camarades de dire à quel dessin ça correspond.

Unité 4 GRAND doc

JE DÉCOUVRE...
La galerie de Magritte

A — *Les Valeurs personnelles*, 1952
Huile sur toile, 80 x 100 cm
Musée d'Art moderne de San Francisco

B — *Ceci n'est pas une pomme*, 1964
Huile sur panneau de bois,
142 x 100 cm
Collection particulière Bruxelles

C — *Le Retour*, 1940
Huile sur toile, 50 x 65 cm
Musée Magritte de Bruxelles

D — *La Grande Guerre*, 1964
Huile sur toile, 81 x 60 cm
Collection particulière

1. 🎧 **17** Écoute la description des tableaux de Magritte et montre.

2. Dis ce qui est mystérieux, étrange, bizarre dans chacun des tableaux de Magritte.

3. Observe les tableaux, lis et réponds.
   A. Quel est le tableau le plus grand ?
   B. Dans quelle ville peux-tu voir le tableau *Les Valeurs personnelles* ?
   C. En quelle année Magritte a peint *La Grande Guerre* ?
   D. Pourquoi Magritte a écrit : "Ceci n'est pas une pomme" ?
   E. Magritte a changé les plumes de l'oiseau en quoi ?
   F. À quel autre tableau ressemble *La Grande Guerre* ? Aide-toi de la leçon 1.
   G. Que vois-tu plusieurs fois dans ces tableaux ?

4. Classe les 4 tableaux du plus ancien au plus récent. Tu es le guide, présente les tableaux aux visiteurs.

5. Est-ce que tu aimes les tableaux de Magritte ? Si oui, quel tableau préfères-tu ? Peux-tu dire pourquoi ?

Projet

Peignez à la manière de Magritte et organisez une exposition guidée.

A. Choisis ton atelier.
Atelier 1 : Tableau A. Dessine ta chambre à la manière de Magritte. Colorie ou peins les murs. Ajoute des objets de dimensions différentes que tu découpes dans des magazines.
Atelier 2 : Tableau B. Dessine de manière précise un objet et écris à la manière de Magritte : « Ceci n'est pas… ».
Atelier 3 : Tableau C. Dessine un animal ou un objet à la manière de l'oiseau du tableau de Magritte.
Atelier 4 : Tableau D. Apporte une photo de ton visage, dessine un corps ou découpe des vêtements dans un magazine. Découpe ou dessine un objet et colle-le sur ton visage.

B. Écris le cartel de ton tableau.

C. Prépare la présentation de ton tableau. Utilise des formules comme : *Bienvenue à notre exposition… / Ici, vous voyez… / Là, vous pouvez voir…*

D. Organise l'exposition avec tes camarades.
a. Rassemblez vos tableaux, accrochez-les. N'oubliez pas vos cartels.
b. Écrivez quelques mots sur Magritte pour expliquer vos tableaux.
c. Présentez l'exposition en commençant par parler de l'artiste, puis présentez chacun votre tableau.

Leçon 1 — Qu'aimerais-tu emprunter à la médiathèque ?

1 🎧 18 👉 Écoute et montre le livre.

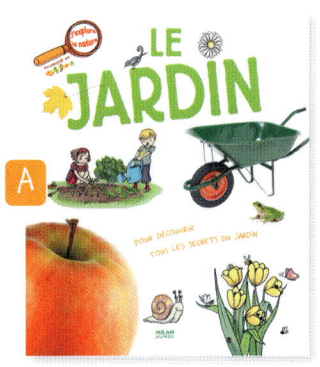
A

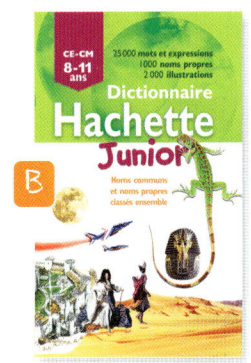
B

C

D

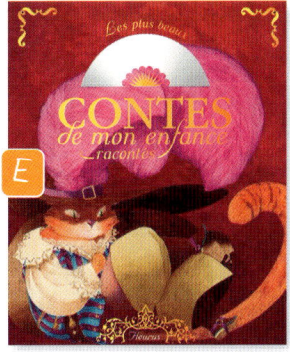
E

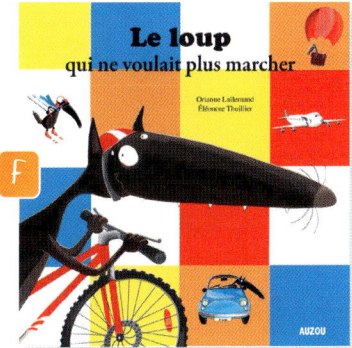
F

2 🎧 19 💬 Écoute, vérifie et trouve l'intrus.

3 📖 💬 Lis et réponds.

a. As-tu déjà lu un de ces livres ?
b. Y a-t-il une médiathèque dans ton école ? Une bibliothèque ?
c. Lequel de ces livres aimerais-tu emprunter à la bibliothèque ou à la médiathèque ? Pourquoi ?

4 🎧 20 💬 Écoute et dis qui parle sur la grande image.

5 🎧 21 💬 Écoute et réponds.

6 📖 💬 Lis et trouve le nom de ces lieux.

a. Lieu où on peut emprunter des livres, des DVD (films), des CD (musique).
b. Lieu où on peut jouer ou emprunter des jeux.
c. Lieu où on peut lire ou emprunter des livres.
d. Lieu où on peut acheter des livres.

Unité 5

Tu les connais ?

1  Écoute et dis qui c'est.

2 Observe les dessins de l'exercice 1 et montre la ligne des lieux, des héros, des amis, des objets magiques et des ennemis.

3 Observe les dessins de l'exercice 1. Écoute et réponds puis pose des questions à tes camarades.

4. Lis les commentaires de Maggie, Léo, Marie, Minami et Alice. De quelles histoires parlent-ils ?

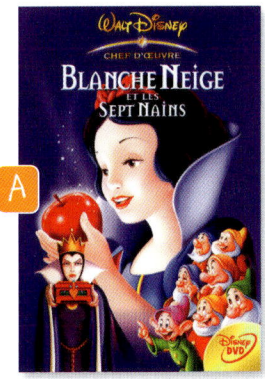

A

MAGGIE Je le trouve sympa ce film. J'aime beaucoup la princesse. Je la trouve très belle. L'histoire fait un peu peur parce que la reine est vraiment très méchante et pas belle. J'ai un peu pleuré quand la princesse est morte. Heureusement que le prince arrive et l'embrasse. Depuis que j'ai vu ce film, je ne mange plus de pommes. Minami dit que c'est un film pour les petits mais moi je ne suis pas d'accord. Je suis grande et j'adore ce film !

LÉO Je la trouve pas mal cette histoire. J'ai lu le livre et j'ai vu le dessin animé. Dans le film, j'ai adoré les chansons et le personnage du méchant : Jafar, le vizir. J'aime bien la lampe magique et le bon génie. J'aimerais bien avoir un gentil génie pour ami. Il m'aiderait à faire mes devoirs. J'aimerais bien aussi avoir un tapis volant mais tout ça, ça n'existe pas ! Ce sont des histoires !

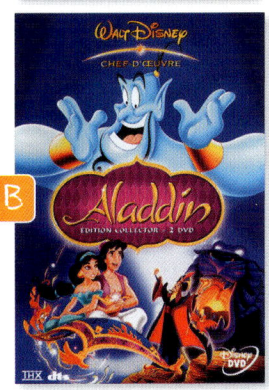

B

MARIE Alors moi, je l'adore cette bande dessinée. J'ai toute la collection. Je les trouve trop rigolos et trop mignons ces Gaulois. Je ne suis jamais déçue par leurs histoires. Elles sont très originales et amusantes. Toutes mes amies aiment cette BD sauf Alice. Alice, elle, elle préfère les livres documentaires. Elle dit que cette bande dessinée, c'est pour les garçons, mais moi, je m'en fiche. Je pense que c'est une excellente BD !

MINAMI Ce film, je ne le trouve pas génial. Ça ne fait pas assez peur et l'histoire je la connais par cœur. C'est bien pour les petits !

C

ALICE Cette BD, je l'ai lue. Ça va, ce n'est pas trop mal mais ce n'est pas génial. Ce ne sont pas mes personnages préférés. Moi, j'adore les Schtroumpfs !

5. Imagine de quoi ou de qui ils parlent.

« Je l'adore ! »

A

« Je les trouve très joli(e)s ! »

B

« Je le déteste ! »

C

« Je la connais très bien. »

D

6. Joue à l'objet mystérieux avec tes camarades. ➡ p. 65

Unité 5

Quelle histoire préfères-tu ? Pourquoi ?

1 Écoute et montre le dessin qui correspond.

CHEZ MAMIE AGATHE

A · B · C · D · E · F

2 Lis et réponds. Fais des phrases de plus en plus longues.

a. À qui appartient la maison ?
b. Où est la boîte de biscuits ?
c. Qui a mangé tous les biscuits ?
d. Qui a attrapé la petite souris brune ?
e. Qui a couru après le gros chat roux ?
f. Qui est Mamie Agathe ?

3 Écoute puis récite l'histoire par cœur à l'aide des dessins et de tes camarades.

4 Écoute la chanson « Iiiiii la souris » du groupe Zut. Compare la chanson et l'histoire « Chez Mamie Agathe ».

5 🔍 💬 🎧 27 **Observe et imagine une histoire avec un camarade. Racontez votre histoire puis écoutez notre histoire.**

6 💬 **Quelle histoire préfères-tu ? Pourquoi ?**

MÉMO

Pour donner ton opinion

C'est génial ! C'est super !
C'est nul !
Je trouve que c'est pas mal !
Je pense que c'est une très belle histoire !
Cette histoire me plaît beaucoup !

Je (ne) la trouve pas géniale, cette histoire.
J'aime beaucoup les personnages !
Je les trouve mignons.
J'ai beaucoup aimé le début.
La fin de l'histoire est très drôle.
La fin de l'histoire n'est pas originale.

Unité 5

... des mots pour inventer une histoire

1. Nomme les dessins. Puis associe chaque mot à une catégorie. Il y a plusieurs solutions.

les personnages principaux – les lieux – les amis (les gentils) – les ennemis (les méchants) – les objets magiques

2. Fabrique cinq posters avec tes camarades, un par catégorie. Complétez les posters avec d'autres mots, d'autres dessins.

... des verbes au passé

3. Observe, lis et montre qui...

a. a mangé du pain.
b. a arrosé les plantes.
c. est allé à la bibliothèque.
d. a attrapé une souris.
e. a vu un fantôme.
f. a cueilli des fleurs.
g. est tombé dans l'escalier.
h. est entré dans le château.

4. Conjugue les verbes au passé et fais des phrases correctes.

a. prince [sauver] Belle au bois dormant
b. loup [manger] grand-mère Petit Chaperon rouge
c. sorcière [se transformer] dragon
d. souris [aider] Cendrillon
e. Blanche-Neige [entrer] dans cabane sept nains
f. petite fille [tomber] dans étang

... des phrases plus courtes

DIS-MOI...

5. 🎧 **Lis puis écoute. Qu'est-ce qui s'est passé ?**
   a. Le loup voit le mouton qui approche de la forêt. Il suit le mouton. Il attrape le mouton. Il mange le mouton.
   b. Le chat botté voit la souris qui cherche des biscuits dans la cuisine. Il suit la souris. Il attrape la souris. Il mange la souris.
   c. L'ogre voit les enfants qui jouent dans la cour de récréation. Il suit les enfants. Il attrape les enfants. Il mange les enfants.

6. Lis le mémo. Complète avec *le, l', la* ou *les*.
   a. L'ogre voit les enfants qui jouent dans la cour de récréation. Il … observe. Il … attrape. Il … mange.
   b. La souris prend les biscuits dans la boîte et … mange.
   c. Le chat botté voit la souris qui mange des biscuits dans la cuisine. Il … observe. Il … attrape. Il … mange.
   d. La grand-mère adore le loup. Elle … attrape et … fait cuire dans une casserole.

... à l'oreille !

7. 🎧 **Écoute et répète.**

Il était une fois, une marchande de foie qui vendait du foie dans la ville de Foix. Elle se dit : « Ma foi, c'est bien la première fois et la dernière fois que je vends du foie dans la ville de Foix. »

8. Apprends cette comptine et dis-la à la manière d'une sorcière, d'un robot, etc. seul ou avec un camarade.

MÉMO

Des mots pour ne pas répéter
Je vois le chat. Je le vois. Je l'ai vu.
Je vois la souris. Je la vois. Je l'ai vue.
Je vois les serpents. Je les vois. Je les ai vus.

Le et la = l'
devant un verbe qui commence par une voyelle (a, e, i, o, u) ➜ Je l'ai vu. Je l'ai vue.

Pour les curieux !

En français, les contes et certaines histoires commencent par « Il était une fois ». Comment commencent les contes dans ta langue ? dans les langues que tu connais ?

Unité 5 GRAND doc
JE DÉCOUVRE...
Il était une fois... le kamishibaï

Qu'est-ce que ça veut dire ?

kami = papier – shibaï = théâtre / kamishibaï = théâtre en papier
butaï = castelet ou théâtre en bois

Qu'est-ce qu'un kamishibaï ?

Un kamishibaï se compose d'un petit théâtre en bois (le butaï) et de planches cartonnées rectangulaires. Les planches sont imprimées recto verso, une face pour l'image et l'autre pour le texte. Le conteur enlève la « couverture » de l'histoire et la place derrière le butaï. Il lit le texte écrit au dos de la couverture et les spectateurs regardent la première image. Ça correspond ! Quand le conteur a terminé de lire le premier texte, il change d'image. Il fait glisser la première image, la retire et la place derrière le butaï. Il lit le texte au dos de cette première image et les spectateurs regardent la deuxième image. Ça correspond !
Les histoires peuvent être tristes, drôles…

Une institutrice racontant une histoire avec un kamishibaï devant ses élèves.

L'histoire du kamishibaï

Le kamishibaï a été inventé au Japon au XIIe siècle (vers l'an 1150). À cette époque, des bonzes dessinent des histoires sur des rouleaux de toile ou des planches en carton. Ils voyagent dans tout le pays avec ces rouleaux ou ces planches placés dans un cadre en bois. Avec ces histoires dessinées, ils présentent la vie de Bouddha dans tout le pays.
En 1923, apparaît le premier kamishibaï pour enfants. C'est un énorme succès. Les conteurs vendent des bonbons avant de raconter l'histoire. Les enfants qui achètent des bonbons peuvent s'asseoir devant. Ils ont les meilleures places !
En 1937, il y a près de 25 000 conteurs dans le pays qui se promènent avec leur kamishibaï sur leur vélo. Ils racontent des histoires aux adultes et aux enfants. Les premiers personnages de manga apparaissent sur les kamishibaï.
En 1950, les Japonais découvrent la télévision. Ils l'appellent « le kamishibaï électrique ».
Maintenant, partout dans le monde, beaucoup de professeurs utilisent le kamishibaï pour raconter des histoires à leurs élèves. Il a rejoint les livres de conte et les albums jeunesse sur les étagères des bibliothèques des écoles.

Un conteur japonais avec un kamishibaï sur son vélo.

Projet

Fabrique un mini-kamishibaï.

1. Écoute et réponds par vrai ou faux. Corrige si c'est faux.

2. Lis et réponds.

A. À quoi correspondent ces dates ?
XIIe siècle – 1923 – 1937 – 1950

B. Comment s'appellent les premiers conteurs de kamishibaï qui voyagent dans tout le Japon, à vélo pour raconter la vie de Bouddha ?

C. Quels personnages, très célèbres aujourd'hui, apparaissent d'abord sur les kamishibaï ?

D. De quoi as-tu besoin pour fabriquer un mini-kamishibaï ?

3. Réponds.

A. As-tu déjà entendu une histoire racontée avec un kamishibaï ?

B. As-tu déjà lu une histoire avec un kamishibaï ?

4. Fais un sondage avec tes camarades.

Comment préférez-vous découvrir des histoires ? Avec un livre avec des images, un livre sans images, un kamishibaï, des marionnettes, des ombres chinoises, au théâtre, à la télévision, au cinéma, sur l'ordinateur ?

Tu peux fabriquer un mini-butaï à partir d'une boîte rectangulaire (boîte de céréales, de biscuits, d'allumettes). Regarde les étapes de fabrication et le mode d'emploi.

Matériel
- 1 boîte rectangulaire
- 1 paire de ciseaux
- 1 bâton de colle
- Du papier assez épais
- De la peinture, des feutres ou des crayons de couleur

A. Prends une boîte.

B. Tu es droitier, **ouvre-la** à gauche. Tu es gaucher, **ouvre-la** à droite.

C. Dessine puis **découpe** une fenêtre sur ta boîte.
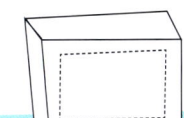

D. Décore ton butaï avec du papier, de la peinture, des feutres ou des crayons de couleur.

E. Maintenant, **fabrique** ton histoire sur du papier un peu épais à la dimension de ton butaï.

BON SPECTACLE !

Leçon 1 — Pourquoi sont-ils chez le vétérinaire ?

1 🎧 CD3 · 2 👉 Écoute et montre la bonne vignette.

A — Ce matin

B — Maintenant

C — Ce soir

D — Demain

2 🎧 3 💬 Écoute et réponds.

3 🎧 4 👁 👉 Écoute, regarde et montre sur la grande image.

4 🎧 5 💬 Écoute et dis qui c'est.

5 📖 ✏️ Lis puis remets dans l'ordre. Ensuite recopie les phrases et illustre-les.

 a. fait | un vaccin | au perroquet | Le vétérinaire | de la vieille dame.

 b. son épaule gauche. | la mygale | Il a | de Pedro | sur

 6 🎧 6 ✏️ Écoute la chanson « Mon chat est un chien » du groupe Zut. Qu'est-ce que tu comprends ?

Unité 6

Où iront-ils la semaine prochaine ?

1 🎧 Écoute et dis où la classe de Léo ira la semaine prochaine.

2 🎧 Écoute à nouveau et réponds.

3 📖 🎧 Lis les recommandations de Madame Pinson puis écoute-la le jour de l'excursion et associe.

Mes 10 recommandations pour réussir ton excursion

1. Tu auras ton cahier de sciences et ta trousse avec toi.
2. Tu seras poli(e) et gentil(le) avec les adultes et tes camarades.
3. Tu attacheras ta ceinture dans le bus.
4. Tu n'oublieras pas ton pique-nique.
5. Tu ne mangeras pas dans le bus.
6. Tu feras attention pour monter et descendre du bus.
7. Tu écouteras bien les recommandations et les explications du vétérinaire.
8. Tu poseras ta question au vétérinaire et tu noteras sa réponse dans ton cahier.
9. Tu respecteras les panneaux et les animaux.
10. Tu ramasseras tes déchets.

Moi, Madame Pinson, ta maîtresse

Toi, mon élève
Léo

MÉMO

Le passé : L'année dernière, je n'ai pas vu les lionceaux et les éléphanteaux.

Le présent : Il y a uniquement des animaux sauvages là-bas.

Le futur : Nous partirons jeudi prochain à 8h30.

4 👁 💬 Observe ces animaux. Les connais-tu ? Vivent-ils dans ton pays ?

 A — Le piranha
 B — La mygale
 C — Le tatou
 D — Le lynx

 E — L'anaconda géant
 F — Le lama
 G — L'aigle
 H — L'hippopotame

5 📖 🎧10 💬 Lis le document puis écoute les devinettes de Léo. De quels animaux parle-t-il ?

LE SQUELETTE DES ANIMAUX

Les invertébrés : Ils ont un corps mou. Parfois les invertébrés ont une carapace ou une coquille dure pour les protéger.

Il existe au moins 4 familles d'invertébrés :
- **Les insectes**
- **Les araignées :** elles ont huit pattes.
- **Les mollusques**
- **Les crustacés :** ils sont ovipares*.

Les vertébrés : Les vertébrés possèdent des os ou des arêtes.

Il existe 5 familles de vertébrés :
- **Les mammifères :** ils sont vivipares**.
- **Les oiseaux :** ils ont des plumes et deux pattes. Ils n'ont pas de dents. Ils sont ovipares*.
- **Les poissons :** ils ont des nageoires ; leur corps est recouvert d'écailles ; ils sont ovipares*.
- **Les batraciens :** ils ont la peau nue. Ils sont ovipares*.
- **Les reptiles :** leur peau est recouverte d'écailles ou d'une carapace. Ils sont souvent ovipares* mais pas toujours.

* Ça veut dire que les femelles pondent des œufs.
** Ça veut dire que les bébés sortent du ventre de la femelle. Les mamans donnent du lait à leurs petits.

6 Joue au bingo des animaux sauvages avec tes camarades. ➜ p. 65

Pour les curieux !

On compte en France 63 millions d'animaux de compagnie : 35 millions de poissons, 12 millions de chiens, 8 millions de chats, 5 millions de nouveaux animaux de compagnie (NAC) et 3 millions de rongeurs.

Unité 6

Où iront-ils en vacances ?

1. 🎧 💬 Écoute et dis où ils partiront en vacances.

A — Le volcan la Montagne Pelée sur l'île de la Martinique dans la mer des Caraïbes.

B — Un chalet suisse avec une très jolie vue sur les Alpes.

C — Bonifacio, la ville corse perchée sur ses falaises, au bord de la mer Méditerranée.

D — Une plage de Bretagne, un lieu idéal pour pratiquer le char à voile.

2. 💻 💬 **Cherche sur Internet où se trouvent la Martinique, la Corse, la Bretagne et la Suisse puis réponds.**

  a. Classe ces quatre lieux du plus proche (près) au plus éloigné (loin) par rapport à chez toi.
  b. Quel est, parmi ces quatre endroits, ton endroit préféré pour passer des vacances ? Pourquoi ?

 🎧 💬 Lis puis écoute avec tes camarades. Trouvez les douze différences.

 🎧 💬 Écoute puis lis à nouveau le texte-rébus de Marcel.

 💬 Cet été, tu partiras en vacances avec Marcel. Dis ce que vous ferez.

Au mois d'août, nous irons en vacances en Suisse, à la montagne…

Au mois d'août, j'irai en vacances en 🇨🇭, à la 🏔. Je ne pourrai pas ⛷ car ce sera l'☀🌵 mais je ferai des 🥾 avec un guide.

Je prendrai un 🚡. Je ferai un peu d'escalade. Je ferai de la 🛶 et du 🚴.

Je me promènerai dans la 🌲. Je 👢 au bord des 🏞. J'irai voir des 🏞. La nuit, je dormirai sous une ⛺ ou dans un 🏠.

Vivement les vacances !

Marcel

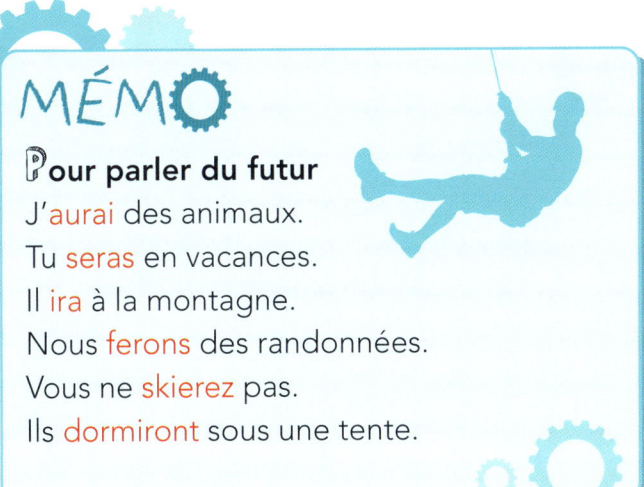

MÉMO

Pour parler du futur
J'aurai des animaux.
Tu seras en vacances.
Il ira à la montagne.
Nous ferons des randonnées.
Vous ne skierez pas.
Ils dormiront sous une tente.

 🎧 💬 Écoute, apprends puis récite avec un camarade le poème « La mer s'est retirée » de Jacques Charpentreau.

LA MER S'EST RETIRÉE

La mer s'est retirée,
Qui la ramènera ?
La mer est démontée,
Qui la remontera ?
La mer est déchaînée,
Qui la rattachera ?
Un enfant qui joue sur la plage
Avec un collier de coquillages.

Jacques Charpentreau

Unité 6

... des mots
pour dire quand dans le futur

1. Lis, réponds puis pose des questions à tes camarades.
a. En quelle année auras-tu 20 ans ?
b. À quelle heure te coucheras-tu ce soir ?
c. Quand partiras-tu en vacances ?
d. Où seras-tu samedi prochain à 14 h ?
e. Quel métier feras-tu quand tu seras grand ?
f. Quel jour serons-nous après-demain ?

Pour les curieux !
En France, il y a de nombreux parcs d'attractions : Eurodisney Paris, le parc Astérix... Il existe aussi un parc d'attractions qui a pour thème le futur. Il s'appelle le FUTUROSCOPE.

... des verbes
au futur simple

2. Lis les phrases de la voyante. À ton avis de qui parle-t-elle ?

a. Quand il sera célèbre, il aura sa photo à la page 3 de la méthode *Les Loustics 3* !

b. Tu seras une jolie chatte et tu seras très heureuse chez les Legrand.

c. Quand tu seras grand, tu ne seras pas journaliste mais tu seras un grand artiste, un grand peintre.

d. En 2020, elle partira du Sénégal. Elle habitera à Paris et se mariera avec Marcel.

e. Vous écrirez 6 commandements au futur simple et votre professeur de français sera très content.

f. Dans cinq ans, ils auront un quatrième enfant, une petite fille. Elle aura les yeux bleus de sa maman et les cheveux de sa grande sœur Alice.

3. Dis puis écris la conjugaison du verbe *habiter* au futur simple dans cet ordre : *j', vous, tu, il, nous, ils*. Que remarques-tu ?

DIS-MOI...

MÉMO

Le futur simple

	Radical du verbe	+ -ai, -as, -a, -ons, -ez, -ont
ER	habiter	j'habiterai, tu habiteras…
IR	partir	…, il partira, nous partirons…
RE	écrir~~e~~	…, vous écrirez, ils écriront

⚠ J'aurai, je serai, je ferai, j'irai

4. Écris les phrases au futur simple.

a. Ce matin, je me suis levé à 7 heures.
   Demain, je…

b. Avant-hier, tu es allé chez le médecin.
   Après-demain, tu…

c. Ce matin, il a mangé son pique-nique.
   Ce soir, il…

d. Mercredi dernier, nous avons joué au foot.
   Mercredi prochain, nous…

e. Vous avez dansé toute la nuit.
   Toute la journée, vous…

f. Ils sont partis il y a deux heures.
   Dans deux heures, ils…

… des phrases pour dire à qui c'est

5. Lis et complète avec *notre, nos, votre, vos, leur, leurs*.

a. Les Legrand vont passer … vacances sur l'île de La Réunion. Grand-père Pierre et Grand-mère Colette habiteront dans … maison. Ils prendront soin de … animaux.

b. Voilà, chère famille Legrand, … chaton est vacciné et … chien aussi. …. animaux sont en pleine forme !

c. Nous sommes Maggie et Alice. Léo est … frère. Luc et Jeanne sont … parents.

MÉMO

Les possessifs. À qui ?

À moi	mon	mon* / ma	mes
À toi	ton	ton* / ta	tes
À lui / À elle	son	son* / sa	ses
À nous	notre	notre / notre	nos
À vous	votre	votre / votre	vos
À eux / À elles	leur	leur / leur	leurs

* mon amie – ton image – son école

… à l'oreille !

6. 🎧15 Écoute et répète la phrase illustrée.

a. Si ton tonton Léon tond ton Tonton Gaston, ton tonton Gaston sera tondu.

b. Si sur nos six chaises sont assis nos six chats, sur vos six cents chaises seront assis vos six cents chats.

c. Notre père sera notre maire et mon frère sera masseur.

d. Si le boucher rit dans la boucherie, le libraire rira dans la librairie.

7. Choisis une phrase et répète-la de plus en plus vite.

Unité 6 — GRAND doc

JE DÉCOUVRE...
Les 8 commandements du touriste vert et responsable

Été – On peut prendre des vacances et respecter environnement et population... Tous les jours, ta famille et toi, vous triez vos déchets, vous coupez l'eau en vous brossant les dents et vous achetez bio ? En vacances aussi, quelques règles vous aideront à devenir des touristes verts et responsables...

1. Ta famille choisira des moyens de transport verts.
Vous éviterez l'avion ou la voiture, qui polluent. Vous ferez de la marche à pied, vous roulerez à vélo, vous prendrez le bus ou le train.

2. Ta famille choisira sa destination en faisant attention.
10 000 km en avion pour un mois de vacances, ça va ! Pour trois jours, ça ne va pas. Pour des vacances courtes, vous choisirez un pays pas trop éloigné.

3. Ta famille respectera la population locale.
Le tourisme responsable, c'est respecter les autres. Concrètement, vous respecterez les traditions et les coutumes du pays visité.

4. Ta famille respectera l'environnement.
Un paysage paradisiaque pollué avec des sacs plastiques et des déchets, c'est vraiment trop triste. Vous jetterez vos déchets dans les poubelles ou les rapporterez chez vous.

5. Ta famille respectera les ressources naturelles.
L'eau est précieuse partout mais elle est rare dans certaines régions du globe. Vous prendrez des douches rapides plutôt que des bains. À l'hôtel, vous ne changerez pas vos serviettes de toilette tous les jours. Vous n'allumerez pas la climatisation jour et nuit.

6. Ta famille achètera dans les magasins locaux.
Vous achèterez dans des petits magasins de la ville ou du village pour donner du travail aux habitants.

7. Ta famille respectera la flore.
Vous n'arracherez pas les plantes lors des promenades, des randonnées.

8. Ta famille respectera la faune.
Vous n'embêterez pas les animaux sauvages dans la nature. Vous n'achèterez pas de peaux d'animaux. Vous ne rapporterez pas chez vous de bébés animaux sauvages.

1 Lis le texte. À ton avis, que veut dire « un touriste vert et responsable » ?

A Un Martien
B Un touriste qui respecte l'environnement
C Un touriste qui a la main verte

2 Écoute et cite le commandement qui correspond puis dis s'il est respecté.

3 Écoute et réponds.

4 Lis et réponds.

A. Y a-t-il beaucoup de touristes dans ton pays ? Pourquoi ?
B. À ton avis, les touristes qui viennent dans ton pays sont-ils verts et responsables ?
C. Quels sont les traditions et les coutumes de ton pays que les touristes doivent respecter ?
D. Quels sont les animaux, les plantes, les arbres célèbres de ton pays ?
E. Quels sont les produits, les objets célèbres de ton pays ?

5 Lis, réponds et parle de toi.

A. Où iras-tu en vacances cet été ?
B. Seras-tu un touriste vert et responsable ?

Projet

Écrivez puis présentez 6 commandements à vos camarades !

A. Choisis un thème avec un camarade.
- Les 6 commandements de l'ami des bêtes.
- Les 6 commandements du jardinier.
- Les 6 commandements du peintre.
- Les 6 commandements du francophile.

B. Tirez au sort un pronom (je, tu, il/elle/on, nous, vous, ils/elles).

C. Écrivez vos 6 commandements au futur simple avec le pronom tiré au sort.

D. Illustrez vos 6 commandements.

E. Présentez vos 6 commandements à vos camarades.

Nos 6 commandements pour ne pas oublier le français en vacances.

Nous écouterons des chansons en français.
Nous lirons notre livre et notre cahier d'activités des *Loustics*.
Nous regarderons des films en français.
Nous lirons des albums, des livres en français.
Nous jouerons en français.
Nous écrirons une carte postale en français à notre professeur.

Pedro et Isabel

MES JEUX

Je suis comme toi parce que...
➽ Unité 1 – Leçon 3 – page 9

Nombre de joueurs : Toute la classe. • **Matériel :** Aucun. •
But du jeu : Trouver un point commun avec l'élève qui est au milieu pour prendre sa place. • **Règle du jeu :** Un élève se place au milieu du cercle. Ses camarades le regardent et cherchent un point commun qu'ils ont avec lui (caractère, goûts, physique). Le premier qui a trouvé va au milieu du cercle et dis le point commun, par exemple : « Je suis comme toi parce que je suis timide », « Je suis comme toi parce que j'aime les animaux » ou « Je suis comme toi parce que je ne porte pas de lunettes ».

Le morpion
➽ Unité 2 – Projet – page 23

Nombre de joueurs : Toute la classe divisée en deux équipes. •
Matériel : 9 chaises, les pages de l'abécédaire réalisées par ta classe. •
But du jeu : Arriver à asseoir 3 membres de son équipe de façon à former une ligne droite horizontale, verticale ou en diagonale, tout en empêchant l'équipe adverse d'en faire autant. • **Règle du jeu :** Ton professeur dispose 9 chaises dans la classe en faisant 3 lignes et 3 colonnes. Une page de votre abécédaire, choisie au hasard, est posée sur chaque chaise, face cachée. Avec tes camarades, vous êtes répartis en 2 équipes : les rouges et les bleus. Quand tu retournes la page, tu dois faire deviner le mot à ton équipe. Tu peux dire par exemple : « C'est un mot qui commence par la lettre E, c'est un animal qui vit dans le jardin. Il a une maison (une coquille) sur le dos… » Tes camarades répondent : « Un éléphant ». Désolé, c'est perdu ! Remets la page, face cachée sur la chaise. Tes camarades répondent : « Un escargot ». Bravo, c'est gagné !
Tu peux t'asseoir sur la chaise.

Questions pour un champion
➽ Unité 3 – Grand Doc – page 33

Nombre de joueurs : Toute la classe divisée en deux équipes. • **Matériel :** Les fiches-questions réalisées par la classe. • **But du jeu :** Obtenir 5 points (ou plus) avant l'autre équipe. • **Règle du jeu :** Avec tes camarades, vous êtes répartis en 2 équipes : les rouges et les bleus. L'équipe des rouges reçoit des fiches rouges. L'équipe des bleus reçoit des fiches bleues. Chaque élève de chaque équipe recherche sur Internet des informations sur les hommes et les femmes célèbres de son pays. Chacun note les informations trouvées et son nom sur les fiches bleues ou rouges, une fiche par célébrité. Chacun rédige sa fiche en écrivant « Je » et sans citer le nom du personnage, comme dans l'exemple suivant : « Top, je suis un cosmonaute américain né en 1930. En 1969, je suis monté à bord de la fusée Apollo 11. Elle a voyagé dans l'espace pendant 5 jours et a aluni le 21 juillet 1969. Je suis descendu de la fusée et j'ai marché pour la première fois sur la Lune. Je suis… » Avec tes camarades, donnez vos fiches à votre professeur. Chaque équipe se place en file indienne (les uns derrière les autres) face au professeur. Le professeur pose les questions bleues et rouges aux deux membres de chaque équipe. Tu ne peux pas répondre à tes propres fiches. Dans ce cas, le professeur doit changer de fiche. Ton équipe marque 1 point par bonne réponse et perd un point par mauvaise réponse. Quand chaque binôme a répondu à sa question, il laisse sa place au binôme suivant. La première équipe qui obtient 5 points a gagné.

Le dialogue surréaliste
→ Unité 4 – Leçon 3 – page 39

Nombre de joueurs : Toute la classe divisée en deux équipes. • **Matériel :** Des fiches bleues, des fiches rouges. Deux chapeaux, un rouge et un bleu (ou deux boîtes). Sur le chapeau rouge est écrit : « Qu'est-ce que c'est ? », sur le chapeau bleu est écrit : « C'est … qui … . »
• **But du jeu :** Créer un dialogue surréaliste, drôle, poétique, étrange… • **Règle du jeu :** Avec tes camarades, vous êtes répartis en 2 équipes : les rouges et les bleus. L'équipe des rouges reçoit des fiches rouges. L'équipe des bleus reçoit des fiches bleues. Chaque membre de l'équipe des rouges écrit une question qui commence par : « Qu'est-ce que … ? ». Chaque membre de l'équipe des bleus écrit une réponse qui commence par : « C'est … qui …. » sans connaître la question. Ensuite, on met les fiches dans les deux chapeaux et on tire au sort une fiche bleue et une fiche rouge. On lit le résultat de la fiche rouge + la fiche bleue. Exemple : « Qu'est-ce que c'est un ballon ? C'est un oiseau qui vole. » Avec tes camarades, votez pour les phrases les plus drôles et surréalistes.

L'objet mystérieux
→ Unité 5 – Leçon 2 – page 47

Nombre de joueurs : Toute la classe. • **Matériel :** Ton objet caché dans une boîte, dans ton cartable, dans le couloir… ou la photo de ton objet. • **But du jeu :** Faire découvrir un objet ou des objets à tes camarades en répondant à leurs questions. • **Règle du jeu :** Apporte un objet ou la photo d'un objet dans ta classe de français. Fais deviner son nom à tes camarades sans montrer l'objet. Donne-leur un indice en utilisant *le*, *l'*, *la* ou *les*. Par exemple : « Vous l'utilisez chez vous. » Tes camarades te posent des questions en utilisant *le*, *l'*, *la* ou *les*. Par exemple : « Je peux le manger ? » Réponse : « Non, tu ne peux pas la manger ». « Je peux la voir dans ma cuisine ? » « Non, tu ne peux pas la voir dans ta cuisine. » Tu peux aussi aider tes camarades : « Non, mais tu peux la voir dans ta salle de bain », « Est-ce que je la range dans ma trousse de toilette ? », etc.

Le bingo des animaux sauvages
→ Unité 6 – Leçon 2 – page 57

Nombre de joueurs : Toute la classe. • **Matériel :** Une grille de jeu par binôme. Éventuellement des cartes-images représentant les 8 animaux. Un sac à pioche. Autant de jetons que de cases. • **But du jeu :** Être le premier binôme à recouvrir la grille. •
Règle du jeu : Après avoir réactivé le vocabulaire nécessaire au jeu, ton professeur distribue à chaque binôme le nombre de jetons nécessaires. Avec ton camarade, tu caches 4 animaux de ton choix. Ton professeur sort de son sac à pioche des cartes qu'il nomme les unes après les autres sans les montrer. Les cartes-images nommées ne sont pas reposées dans le sac. Lorsque tu reconnais avec ton camarade un des animaux nommés, tu places un jeton sur la case correspondante sauf s'il y a déjà un jeton dessus. Le premier binôme qui a sa grille recouverte crie : « Nous avons gagné ! » ou « Bingo ! ». N'oubliez pas de vérifier !

Ma fête de la Francophonie

DIS-MOI dix mots

1 CD3 18 Écoute, montre et réponds.

 2 Cherche sur Internet le concours « L'imagier des 10 mots » de cette année et choisis trois mots.

 3 Choisis un ou plusieurs ateliers pour créer trois pages de l'imagier des 10 mots.

Un imagier regroupe des photos ou des dessins représentant un mot. Ce mot doit aussi être écrit. Ça ressemble à un abécédaire mais les mots ne sont pas rangés dans l'ordre alphabétique.

Atelier 1 : L'acrostiche et le totem

Un acrostiche est un poème qui cache un mot. Les premières lettres de chaque mot de début de vers forment un mot qui se lit verticalement de haut en bas. Pour illustrer le mot, dessine les mots choisis les uns sous les autres comme pour un totem. Tu peux les dessiner sur une feuille, sur des boîtes empilées…

Zoo
Un
Tronc
= Zut

Atelier 2 : Le calligramme et le dessin

Un calligramme est un poème dont les lettres, les mots, les phrases forment un dessin qui représente le mot choisi.

un chat + une chatte = **des chatons**

Atelier 3 : La définition du dictionnaire et l'art posté

Écris la définition du mot sur un beau papier. Mets ce papier dans une belle enveloppe. Écris l'adresse de ton professeur ou d'un ami. Écris ton nom et ton adresse au dos de l'enveloppe. Décore l'enveloppe avec un dessin, un collage qui représente le mot. Colle un timbre. Envoie ta lettre.

Le potager

Atelier 5 : L'atelier libre

Créé ce que tu veux pour expliquer le mot que tu as choisi.

Atelier 4 : Les œuvres d'art qui parlent

Choisis une œuvre d'art ou une belle photo. Fais parler les personnages pour expliquer le mot que tu as choisi.

Le chien est chez **le vétérinaire.**

4) Observe les créations et dis quel atelier elles représentent.

5) Cherche le mot représenté sur chaque création. Ce sont des mots que tu as appris ou que tu apprendras dans ce livre.

Mes chansons

Aujourd'hui c'est la rentrée
Zut et qu'ça saute ! 2010

J'ai bien rangé ma chambre
Préparé mes habits
Bien pliés au bout de mon lit

J'ai réglé mon réveil
J'avais pas trop sommeil
Je me suis couché tôt bonne nuit

J'suis content et j'ai même pas peur
Aujourd'hui c'est la rentrée
Mais faut quand même arriver à l'heure
Aujourd'hui c'est la rentrée
Je tiens fort la main de maman
Aujourd'hui c'est la rentrée
Et j'avance à pas de géant
Aujourd'hui c'est la rentrée

J'ai un cartable tout nouveau
Aujourd'hui c'est la rentrée
Une jolie trousse pleine de stylos
Aujourd'hui c'est la rentrée
Devant la grille de l'école
Aujourd'hui c'est la rentrée
J'ai un peu le cœur qui s'affole
**Aujourd'hui aujourd'hui aujourd'hui
c'est la rentrée !**

Est-ce que la maîtresse sera gentille ?
Y aura-t-il des frites à la cantine ?
La récréation dure-t-elle longtemps ?

J'étais grand chez les petits,
maintenant j'suis petit chez les grands !

Dans la cour, je connais personne
Aujourd'hui c'est la rentrée
Et voilà la cloche qui sonne
Aujourd'hui c'est la rentrée
J'fais un bisou à mes parents
Aujourd'hui c'est la rentrée
On nous dit de nous mettre en rang
**Aujourd'hui aujourd'hui aujourd'hui
c'est la rentrée !**

Est-ce que la maîtresse est un monsieur ?
Est-ce que dans la classe, y aura des jeux ?
Est-ce qu'on nous donnera plein de devoirs ?
Qui nous empêchent de voir la télé et de jouer le soir

J'suis assis à côté d'Manon
Aujourd'hui c'est la rentrée
La maîtresse nous écrit son nom
Aujourd'hui c'est la rentrée
Elle nous dit d'ouvrir nos cahiers
Aujourd'hui c'est la rentrée
C'est parti pour toute une année
**Aujourd'hui aujourd'hui aujourd'hui
c'est la rentrée !**

Je rentre de l'école
Ma chemise est tachée
Et mon beau pantalon troué
J'ai des nouveaux copains
Plein de choses à raconter
Aujourd'hui c'était la rentrée !

À chacun sa tête
Zut et qu'ça saute ! 2010

Ce matin, quand j'ai croisé le facteur
Ouh là là ce que j'ai eu peur
Il a un gros nez et d'horribles moustaches
Si tu le vois, il faut que tu te caches
J'vais pas vous faire un dessin
Il a une tête d'assassin !

Mais comme dit mon tonton, mais comme dit mon tonton René
« *Les apparences faut pas,
non les apparences faut pas s'y fier !* »

Refrain
À chacun à chacun à chacun sa tête
C'est pas parce qu'on a l'air un peu différent
À chacun à chacun à chacun sa tête
Qu'on est forcément bête ou méchant

Un peu plus tard, j'arrive chez l'épicier
Il a des lunettes à triple foyer
Ça lui fait des yeux de hibou
Il a pas dû inventer le garde-boue
J'vais pas vous faire un couplet
Il a une tête de simplet !

Mais comme dit mon tonton, mais comme dit mon tonton René
« *Les apparences faut pas,
non les apparences faut pas s'y fier !* »

Refrain

Y'en a qui ont une tête qui te revient pas
Y'en a qui ont une tête très très sympa
Y'en a qui te font ni chaud ni froid
Et y'en a même qui se payent ta tête à toi

Oh la chance voilà la voisine
Elle est belle comme dans les magazines
Elle a des yeux, une vraie princesse
Et des cheveux qui tombent jusqu'aux fesses
J'vous en fais pas une histoire
Elle a une vraie tête de star
Mais elle a dit :
« Allez Microbe mais tu vas dégager ? »

Il a bien raison tonton, il a bien raison tonton René
Les apparences faut pas s'y fier ! »

Refrain

Et toi, quand tu oublies tes affaires : tête en l'air !
Quand tu t'prends pour une vedette : t'as la grosse tête !
Quand t'es pas bien réveillé : tête dans le pâté !
Tu veux te battre à la récré : tête au carré !
Tête de lard, tête de mule, tête de linotte,
Tête de cochon, tête à claques !
« *De toute façons, on change de tête
tous les quarts d'heure alors...* »
On va chanter à tue-tête !

Refrain

Les pelouses interdites
Zut et qu'ça saute ! 2010

Y'a plein de choses qu'on nous dit de ne pas faire
On comprend pas toujours pourquoi
Faudrait quand même qu'on nous explique car c'est pas clair
Pourquoi faire ci et pas faire ça ?
Alors que moi....

Refrain
J'aime bien les pelouses interdites
Pour faire un pique-nique
Avec les copains
J'aime bien juste après l'école
Y faire des cabrioles
Marcher sur les mains

Dans les musées ou bien dans les magasins
On ne peut toucher qu'avec les yeux
On m'dit d'me taire « tiens ta langue et tiens-la bien »
Qu'est-ce qu'on peut faire ? Qu'est-ce qu'on nous veut ?

Refrain
Au restaurant ou quand on est invité
Faut pas manger avec les doigts
Faut tout finir et puis surtout pas bouger
Qu'est-ce qu'on peut faire ? Qu'est-ce qu'il faut pas ?

Refrain
La vie serait plus facile s'il n'y avait pas
Des « Surtout fais pas ci »
Et des « Alors là tu fais jamais ça ! »

Refrain
J'aime bien les pelouses interdites
Pour faire un pique-nique
Avec les copains
J'aime bien juste après l'école
Y faire des cabrioles
Chercher des bestioles
Jouer au football
Faire la farandole
Jouer du rock'n roll
Avec la coupe au bol
Faire des courses folles
Chatouiller Nicole
Chercher du pétrole
Laver mes casseroles
Do ré mi fa sol
Partir en gondole

J'aime bien juste après l'école
Y faire des cabrioles
Avec les copains !

Iiiiii une souris !
ABCD Zut, 2012

Iiiii dans la cuisine un grand cri
Iiiii Mamie a vu une souris
Elle a bondi sur une chaise en poussant ce joli cri

Iiiii la souris toute ébahie
Iiiii a fait 3 pas tout petits
S'est enfuie sous le placard en emportant un biscuit

Mamie s'est évanouie
Pourtant elle avait l'air si gentille
Avec son joli poil gris
Qui ça, Mamie ?
Ben, non, la souris !

Ouch ! Ouille ! Bobo !
ABCD Zut, 2012

Ouch ! Ouille ! Bobo !
Oh làlàlàlà

Hou ! Dans le jardin de mamie
Ouille ! J'ai marché dans les orties
Ouah ! En courant à toute vitesse
Boum ! Je suis tombé sur les fesses

Ouhla ! Je me suis cogné la tête
Ouch ! Sur le bord de la fenêtre
Zou ! En fonçant dans l'escalier
J'ai cassé le bout de mon nez

Ouch ! Ouille ! Bobo !
Oyoyoyoyo

Ouhla ! J'ai goûté à la moutarde
Gloups ! Ça m'a fait couler des larmes
Aouh ! J'ai laissé mes doigts coincés
Houm ! Dans la porte des WC

Ooooh ! J'ai des bleus un peu partout
Ouh ! Des croûtes sur les genoux
Ohla ! Je me demande pourquoi
Tout ça n'arrive qu'à moi

Attention où tu mets les pieds
Ou tu vas finir tout cabossé

Ouch ! Ouille ! Bobo ! (trois fois)

J'aimais bien mon rêve
Zut Mon œil ! 2005

Moi je nage au fond de l'eau
Au milieu des baleines
Je caresse leurs dos
Je suis leur capitaine
Aucun mal pour respirer
L'océan moi, j'y suis né

Un instant après je vole dans les nuages
Je plane et plonge en piqué
Parmi les oies sauvages
Qu'elle fait petite la maison
On dirait une boîte en carton

Refrain
J'aimais bien mon rêve, j'aimais bien mon rêve
Il s'en est allé comme le soleil à l'horizon
J'aimais bien mon rêve, j'aimais bien mon rêve
Il s'est envolé comme une petite bulle de savon

Je voyage autour du monde
Au bras d'une magicienne
Et sa chevelure blonde
Comme le vent nous emmène
Nous emporte d'île en île
De l'Afrique jusqu'au Brésil

Et puis d'un coup de baguette magique
On est propulsé dans un vaisseau cosmique
Et on surfe sur les comètes
On slalome entre les planètes

Refrain

On peut vivre tellement d'aventures
Allongé sous ses couvertures
Tant de voyages à découvrir
Quand vient l'heure de s'endormir

Refrain

Mon chat est un chien
Zut Zut Zut !!! 2003

Quand on rentre le soir
Il vient tout d'suite nous voir
Il nous connaît bien, mon chat est un chien

Il remue sa queue blanche
Et quand on se penche
Il nous lèche la main, mon chat est un chien

Il reste devant la porte, attend qu'on le sorte
Pour l'pipi du matin, mon chat est un chien

Refrain
Même lorsqu'il détale à perdre haleine
La p'tite baballe il la ramène
Il attend tout le temps des caresses
Et sûrement aussi sa laisse

Et il n'a jamais pris un oiseau une souris
Ça ne lui fait rien, mon chat est un chien

Jamais il ne ronronne
L'est pourtant pas aphone
Il grogne pour un rien, mon chat est un chien

Il peut même être féroce pour garder son os
Il doit avoir un grain, mon chat est un chien

Refrain

On a peut-être eu tort de l'appeler Médor
Quel drôle de félin, mon chat est un chien
Quel drôle de félin, mon chat est un chien

TABLEAU DES CONTENUS

UNITÉS ET LEÇONS	COMMUNICATION	EXPOSITION À LA LANGUE

Unité 1 – Tous différents
1. D'où reviennent-ils ?
   Ils reviennent du Sénégal.
2. Peux-tu décrire le physique de quelqu'un ?
   Il est grand. Il ressemble à son père.
3. Peux-tu décrire le caractère de quelqu'un ?
   Il est courageux.
	Exprimer son origine.
	Dire sa destination, sa provenance.
	Décrire des personnes, exprimer une comparaison, une ressemblance, des différences.
		Lexique : l'aéroport, la description, la carte mentale, les contraires.
		Conjugaison : le présent des verbes *avoir*, *être*, *aller* et *venir*.
		Grammaire : les phrases comparatives.
		Phonétique : les phrases homophones.

Unité 2 – Des jardiniers en herbe
1. Que font-ils ?
   Ils visitent la Fondation Claude Monet.
2. Veux-tu te promener ?
   Oui, je veux aller sur le pont.
3. Tu veux jouer à l'herboriste ?
   Oui, je vais faire un herbier.
	Découvrir un site touristique.
	Dire une date.
	S'orienter, décrire un jardin.
	Situer dans le temps.
	Identifier, catégoriser des plantes.
		Lexique : les jardins, les pièces d'une maison, les mots d'une même famille, l'ordre alphabétique, la définition.
		Conjugaison : le présent des verbes des 1er, 2e et 3e groupes.
		Grammaire : le relatif *qui*.
		Phonétique : les sons [ʒ] et [g].

Unité 3 – Le passé, c'est passé !
1. Que s'est-il passé ?
   Il est allé à son cours de tennis.
2. Tu es malade ? Tu t'es fait mal ?
   Je suis tombé et je me suis cassé le pied.
3. Où es-tu allé ? Qu'as-tu fait ?
   Je suis allé à la plage. J'ai ramassé un coquillage.
	Dire ce que l'on a fait, ce qui s'est passé.
	Parler d'une maladie, d'un accident au passé.
	Dire où on a passé ses vacances et ce que l'on a fait.
		Lexique : les maladies, les accidents, les lieux et les activités associées, les découvertes, les indicateurs de temps du passé.
		Conjugaison : le passé composé des verbes avec *être* et *avoir*, le passé composé des verbes pronominaux.
		Grammaire : les phrases au passé composé.
		Phonétique : les différentes graphies du son [e].

Unité 4 – Au pays de Magritte
1. Tu es déjà venu à Bruxelles ?
   Oui, je suis déjà venu deux fois.
2. Ça fait combien ?
   Ça fait 34,90 euros.
3. Es-tu un rêveur ?
   Oui, j'ai la tête dans les nuages.
	Comprendre la biographie d'un artiste.
	Dire si on est déjà allé quelque part.
	Payer des achats.
	Participer à une enquête.
		Lexique : le musée, la biographie, les articles d'un magasin, les prix, le rêve, le cartel.
		Conjugaison : l'impératif, le passé composé (suite).
		Grammaire : les adverbes *jamais*, *déjà*.
		Phonétique : les phrases homophones (suite).

Unité 5 – Toute une histoire !
1. Qu'aimerais-tu emprunter à la médiathèque ?
   J'aimerais emprunter un CD et deux albums jeunesse.
2. Tu les connais ?
   Oui, je connais Astérix et Obélix.
3. Quelle histoire préfères-tu ? Pourquoi ?
   Je préfère la première parce qu'elle est plus drôle.
	Emprunter des ouvrages à la médiathèque.
	Parler de personnages connus et raconter leurs histoires.
	Comprendre deux histoires. Dire ses préférences.
		Lexique : la médiathèque, la lecture, le kamishibaï, des mots pour inventer des histoires.
		Conjugaison : le passé composé (suite).
		Grammaire : les pronoms compléments directs *le*, *l'*, *la*, *les*.
		Phonétique : le son [wa].

Unité 6 – Le futur a de l'avenir
1. Pourquoi sont-ils chez le vétérinaire ?
   Pour faire vacciner leurs animaux.
2. Où iront-ils la semaine prochaine ?
   Ils iront au zoo.
3. Où iront-ils en vacances ?
   Ils iront en Corse.
	Comprendre le métier de vétérinaire.
	Parler d'événements à venir.
	Décrire un animal sauvage à l'aide d'un tableau.
	Parler de ses futures vacances (lieu et activités).
		Lexique : le vétérinaire, les animaux, les métiers, les destinations de vacances, l'écotourisme, les indicateurs de temps du futur.
		Conjugaison : le futur simple.
		Grammaire : les adjectifs possessifs.
		Phonétique : les virelangues au futur.

Mes jeux **Ma fête de la Francophonie** **Mes chansons**	Comprendre les règles des jeux. Participer au concours « L'imagier des 10 mots ». Chanter les chansons du groupe ZUT.	

FAITS CULTURELS	GRANDS DOCS – PROJETS	INTERDISCIPLINARITÉ
La bise en France. L'univers du réalisateur Michel Ocelot : *Azur et Asmar*, *Kirikou et la sorcière*. Deux chansons du groupe ZUT : *Aujourd'hui c'est la rentrée* ; *À chacun sa tête*. Un poème : *Inspection générale* de Carl Norac.	**Grand Doc** Je découvre la carte mentale de Maty. **Projet** Fabriquez la carte mentale de votre classe. > Se présenter à l'aide d'une carte mentale. > Se comparer positivement aux autres.	**Le cinéma :** *Azur et Asmar* et *Kirikou et la sorcière* de Michel Ocelot. **La logique :** Qui est qui ? **Les mathématiques :** Les nombres de 0 à 999.
Giverny, le jardin de Claude Monet. L'univers de ce peintre. Les jardins. Les plantes, les arbres du jardin. Une chanson du groupe ZUT : *Les pelouses interdites*. Un poème : *L'arbre* d'après Jacques Charpentreau.	**Grand Doc** Lucas, jardinier en herbe. **Projet** Fabriquez un abécédaire mural du jardin pour votre classe. > Définir des mots et les classer par ordre alphabétique. > Jouer au jeu du morpion.	**Les sciences :** Le jardin et les plantes. **Les arts :** L'univers de Claude Monet. **Les mathématiques :** Les nombres de 0 à 999.
Les activités du matin. Les petits accidents de l'enfance. Les événements historiques. Une chanson du groupe ZUT : *Ouch ! Ouille ! Bobo !* Une bande dessinée.	**Grand Doc** Un peu d'histoire **Projet** Fabriquez des mobiles chronologiques. > Raconter des événements passés à l'aide d'un mobile. > Écrire un texte pour accompagner son mobile.	**L'histoire :** La frise chronologique et les événements historiques. **Les mathématiques :** Les nombres à partir de 1 000 (dates).
Le musée Magritte à Bruxelles. Une enquête. Une chanson du groupe ZUT : *J'aimais bien mon rêve*. Un poème : *La fourmi* de Robert Desnos.	**Grand Doc** La galerie de peintures. **Projet** Peignez à la manière de Magritte et organisez une exposition guidée. > Choisir un atelier, peindre un tableau et écrire un cartel. > Préparer la présentation des tableaux.	**Les arts :** L'univers de Magritte. **Les mathématiques :** Les nombres décimaux, les unités de prix, de mesures.
La médiathèque et ses ressources. Les personnages universels. Le kamishibaï. Deux histoires. Une comptine traditionnelle. Une chanson du groupe ZUT : *Iiiii la souris*.	**Grand Doc** Il était une fois le kamishibaï. **Projet** Fabrique un mini-kamishibaï ! > Choisir une technique pour écrire une histoire. > Créer son histoire et la raconter.	**Les arts :** La littérature jeunesse et l'art du conteur. **L'histoire :** L'histoire du kamishibaï. **Les mathématiques :** Les nombres à partir de 1 000 (dates).
Les animaux de compagnie. Les animaux sauvages. Des lieux de vacances francophones. Une chanson du groupe ZUT : *Mon chat est un chien*. Un poème : *La mer s'est retirée* de Jacques Charpentreau.	**Grand Doc** Les 8 commandements du touriste vert et responsable. **Projet** Écrivez puis présentez 6 commandements à vos camarades. > Choisir un thème. > Illustrer et présenter ses 6 commandements.	**Les sciences :** Les familles d'animaux. Le respect de l'environnement. **La géographie :** Les paysages.

Des jeux pour apprendre
La semaine de la Francophonie
Le groupe ZUT

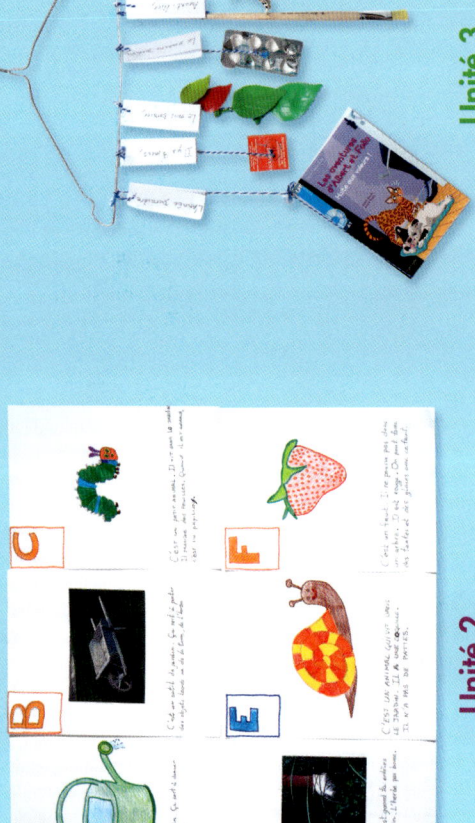